Maurice Barrès

Les traits éternels de la France

roman

ISBN : 978-1515221265

10 9 8 7 6 5 4 3 2 1

Maurice Barrès

Les traits éternels de la France

et autres discours

Table de Matières

Les traits éternels de la France (1912)

M. Maurice Barrés, qui vient d'être pendant quelques jours l'hôte du gouvernement anglais, a été invité à prendre la parole dans une réunion organisée par l'Académie britannique. Nous sommes heureux de pouvoir donner ici le texte de sa belle et émouvante conférence qui, dans les circonstances où elle a été prononcée, prend toute la valeur d'un acte :

MESDAMES, MESSIEURS,

Dans sa *Litanie des Nations*, votre Swinburne prête à la France, parlant à la Liberté, ces paroles :

Je suis celle qui fut ton enseigne et ton porte-drapeau,
Ta voix et ton cri ;
Celle qui te lava de son sang et te laissa plus belle ;
Je suis celle-là, la même.
Ne sont-ce pas là les mains qui l'ont relevée gisante et t'ont nourrie,
Ces mains meurtries ?
Ne suis-je pas la langue qui a parlé pour toi, l'œil qui t'a conduite ?
Ne suis-je pas ton enfant ?

Cet éloge qui nous a été au cœur, il s'est trouvé depuis 1870 tant d'hommes et de tant de pays pour croire que nous en avions démérité ! On doutait de nous, on disait : « Ils ne sont plus les mêmes… La France est une nation du passé, une vieille nation… » Comme on insistait sur ce mot : une *vieille nation* ! C'est vrai, la France existait quand il n'y avait pas encore un sentiment allemand, un sentiment italien, anglais ; c'est vrai, nous sommes la nation qui, la première de toute l'Europe, a eu l'idée qu'elle formait une patrie ; mais on ne s'explique pas que ces grands titres aient pu nous discréditer auprès des nations plus récentes.

Parmi ceux qui parlaient ainsi, beaucoup nous regardaient sans haine, parfois même avec sympathie.

La France, pensaient-ils, a accumulé un immense trésor de vertus, de hauts faits, de services rendus, de gloires incomparables ; mais, aujourd'hui, elle est au milieu de tout cela comme un vieillard au soir de la plus belle vie, ou mieux encore comme certains aristocrates frivoles qui, d'une illustre ascendance, n'ont gardé que

Maurice Barrès

leurs titres de noblesse, de charmantes manières, de superbes portraits, des tapisseries royales, des reliures écussonnées, un luxe grandiose et frivole.

C'est ainsi, nous le savons bien ; on nous croyait frivoles, usés, trop riches, trop heureux, et faisant du plaisir le seul mobile de notre activité ; les Français livraient à l'instinct et à la passion la conduite de leur vie ; leur fin suprême était le bonheur, et l'on venait à Paris pour participer à ce bonheur...

Injustes étrangers, quand le plaisir facile et cosmopolite de Paris vous enivrait, comment auriez-vous connu ce qui reposait au foyer français, qui a pour vertu de se tenir isolé de la rue passante, et ce qui fermentait dans des cœurs qui attendent toujours un cri de croisade et comme l'appel d'un monde surnaturel pour produire et pour connaître eux-mêmes leur héroïsme ?

I

Mois d'août 1914 ! L'appel aux armes retentit. Les cloches, dans tous les villages, s'ébranlent sur la vieille église dont le fondement repose au milieu des morts. Elles sont redevenues soudain les voix de la terre de France. Elles convoquent les hommes, elles plaignent les femmes ; leur clameur est si forte qu'il semble qu'elle pourrait briser la pierre des tombeaux, et tout de suite elle fait sortir du cœur français tout ce qu'il renferme. Les enfans, les femmes, les vieillards se dressent autour du soldat, l'accompagnent jusqu'au train... C'est le départ, non pas tel que Rude l'a sculpté dans le coup de vent de *la Marseillaise*, mais un départ plus tragique encore, les dents serrées : « Puisqu'ils le veulent, il faut en finir ! »

C'est le départ. Nous ne pouvons pas être à la fois dans toutes les gares de Paris et de toutes nos villes, sur tous les quais d'embarquement, ni sur tous ces bateaux qui ramènent de l'étranger les Français. Voulez-vous que nous allions au cœur même de la France militaire, dans cette Ecole de Saint-Cyr, où se forment les jeunes officiers ?

Chaque année, à Saint-Cyr, a lieu en grande pompe la fête du Triomphe. On nomme ainsi une cérémonie traditionnelle où la promotion sortant, c'est-à-dire les jeunes gens qui viennent de passer deux ans à l'Ecole, baptisent la promotion qui les suit et donnent un nom à leurs cadets.

En juillet 1914, cette cérémonie coïncida avec les événemens qui, en se précipitant, déterminèrent la guerre, et par-là elle devait prendre un caractère plus grave. Le 31 du mois, le général commandant l'Ecole fit savoir aux *Montmirail* (c'était le nom des aînés) qu'ils eussent à baptiser leurs cadets, le soir même, militairement et sans les réjouissances traditionnelles.

Tous comprirent qu'ils allaient avoir peut-être dans la nuit à gagner leurs régi mens respectifs.

Ecoutez un jeune poète de la promotion de *Montmirail*, Jean Allard-Méeus, raconter à sa mère cette soirée déjà devenue légendaire chez nous : « Après le dîner, prise d'armes devant le capitaine et le lieutenant de garde, seuls officiers autorisés à assister à cette cérémonie intime. Belle soirée ; dans l'air, des parfums oppressés. L'ordre le plus parfait et le silence le plus grand. Les officiers de *Montmirail* avec le sabre, les « hommes » avec le fusil. Les deux promotions se massent sur le grand terrain, sous le commandement du major de la promotion. Discours patriotiques fort bien ; puis, au milieu de l'émotion grandissante, j'ai dit :

DEMAIN

Soldats de notre illustre race,
Donnez, vos souvenirs sont beaux !
Le temps n'efface pas la trace
Des noms fameux sur les tombeaux.

Dormez ; par-delà la frontière,

Vous dormirez bientôt chez nous ; Notre vaillance reste entière, Et sur vos tombes, à genoux, Nous viendrons déposer nos armes, Vengés de vos anciens malheurs ; Les arrosant avec nos larmes, Nous y ferons fleurir nos fleurs. </poem>

« Jamais, ma petite maman, je ne dirai plus ces vers, car jamais plus je ne serai à la veille d'un jour de départ pour là-bas, au milieu de mille jeunes gens tremblant de fièvre, d'orgueil et de haine. J'ai sans doute trouvé dans mon émoi personnel l'accent qu'il fallait avoir, car j'ai fini mes vers au milieu d'un frisson général. Ah !

Maurice Barrès

pourquoi le clairon ne les a-t-il pas soulignés de *l'Alerte* ? Nous en aurions tous porté les échos sur le Rhin… »

C'est dans cette atmosphère d'enthousiasme que les jeunes officiers reçurent le titre de promotion de *la Croix du drapeau*, et c'est à ce moment que l'un des *Montmirail*, Gaston Voizard, s'écria :

— Jurons que pour aller au feu nous serons en grande tenue, gants blancs et casoar au chapeau.

— Nous le jurons ! répondirent les cinq cents *Montmirail*.

—Nous le jurons ! crièrent à leur tour les cinq cents *Croix du drapeau*.

Terrible scène, trop française, toute pleine de l'innocence et de la bonne volonté admirable de ces jeunes gens, et toute pleine aussi de conséquences désastreuses.

Ils ont tenu leur vœu téméraire. Il n'est pas permis que je vous dise la proportion des morts. Les enfans charmans que je viens de vous citer ne sont plus. De quelle manière sont-ils tombés ?

Tous n'eurent pas leurs témoins, mais tous tombèrent à la façon du lieutenant de Fayolle.

Le 22 août, Alain de Fayolle, de la promotion *Croix du drapeau*, est à Charleroi à la tête d'une section. Ses hommes hésitent. Le jeune sous-lieutenant a mis ses gants blancs. Mais il s'aperçoit qu'il a oublié son casoar. Il tire de sa sacoche le plumet blanc et rouge et il le pique à son shako. Vous allez vous faire tuer, mon lieutenant ! dit un caporal.

— En avant ! crie le jeune homme.

Ses hommes le suivent, électrisés ; quelques instans plus tard, une balle le frappe en plein front, juste au-dessous du plumet.

Le même jour, 22 août 1914, Jean Allard-Méeus, le poète des *Montmirail*, tombe frappé de deux balles.

Gaston Voizard, celui qui eut l'idée du serment, leur survécut de quelques mois seulement. Il semble s'en excuser dans la lettre charmante et déchirante que voici :

25 décembre 1914.

« Il est minuit, mademoiselle et amie, et, pour vous écrire, j'enlève à l'instant mes gants blancs (oh ! n'admirez pas, le geste n'a rien d'héroïque ; mes derniers gants de couleur sont aux mains d'un pauvre pioupiou qui a froid). Je cherche en vain les mots qu'il faudrait pour vous dire la joie et l'émotion que m'a causées votre lettre arrivée le soir d'un bombardement terrible du pauvre village que nous occupons. Cette lettre fut reçue là comme un baume contre tous les énervemens et les malédictions possibles. Celle lettre lue, le soir, — j'en demande pardon à votre modestie ! — aux officiers de mon bataillon, réconforta les plus abattus, après cette rude journée, et prouva à tous que le cœur des jeunes filles de France est tout simplement admirable de générosité.

« Donc, il est minuit. L'honneur et le bonheur que j'ai de commander ma compagnie depuis huit jours (mon capitaine ayant été blessé) me valent le plaisir de vous écrire à cette heure, de la tranchée où, par des prodiges d'astuce, j'ai réussi à allumer une bougie, sans que soit éveillée l'attention de ces messieurs d'en face. Ils sont d'ailleurs à une centaine de mètres.

« Mes hommes, en sourdine, entonnent le traditionnel : *Il est né, le divin enfant.* Le ciel luit d'étoiles. On voudrait rire de tout cela… et on est tout près d'en pleurer !

« Pour moi, je pense aux Noëls d'antan, passés en famille ; je pense à l'effort gigantesque à fournir encore, au peu de chance que j'ai d'en sortir vivant : je pense, enfin, que je vis peut-être en cette minute mon dernier Noël… « Du regret, direz-vous ?… Non, pas même de la tristesse ! Seulement un peu de mélancolie de n'être pas au milieu de tous ceux que j'aime !

« Toute la tristesse de mes pensées est pour les meilleurs amis tombés au champ d'honneur, et qu'une amitié fidèle avait presque faits mes frères : Allard, Fayolle, autant d'amis chers que je ne reverrai plus !

« Ah ! quand le soir du 31 juillet, en ma qualité de Père Système de la promotion, j'eus prononcé, au milieu d'un silence religieux, le fameux serment de nous distinguer en ne mourant que gantés de blanc, ce bon Fayolle, qui était bien l'ami le plus enthousiaste que j'aie jamais connu, me disait en souriant :

« — Quel effet nous allons produire devant les Boches ! Ils seront tellement stupéfaits qu'ils ne tireront pas ! »

Maurice Barrès

« Hélas ! pauvre Fayolle ! Il a payé cher à sa patrie la dette de son titre de Saint-Cyrien ! Et tous, ils tombent autour de moi, semblant se demander quand viendra le tour de leur Père Système pour que *Montmirail*, entrant chez Dieu, soit béni au complet…

« Mais, trêve aux lamentations inutiles, n'est-ce pas ? Ne pensons qu'à notre France nécessaire, impérissable, éternelle ! Et, par cette belle nuit de Noël, croyons plus que jamais à la victoire…

« Il faut encore, mademoiselle et amie, me pardonner cet affreux gribouillage. Voulez-vous aussi me laisser espérer une réponse prochaine et permettre au jeune officier français de baiser très respectueusement la main de la jeune fille de France à l'âme grande et au cœur généreux ? »

Le 8 avril 1915, il tombait à son tour.

Ah ! que le panache, à toutes les époques, a coûté cher à la France ! On doit s'incliner devant l'austère sévérité des grands chefs qui désapprouvèrent la générosité de ces enfans trop prodigues du trésor de leur vie. La guerre réserve à des conducteurs d'hommes assez d'occasions utiles de se dévouer pour qu'ils ne se complaisent pas à provoquer d'avance le destin. Mais comprenons bien que ces conducteurs d'hommes sont des enfans. La circonstance soudain les oblige. Il leur faut conquérir leur autorité. Par la science ? Par l'expérience ? Ils n'ont à leur service que de s'imposer par la bravoure, en osant quelque chose d'exceptionnel. C'est bien la pensée qu'exprime fortement l'un d'eux, Georges Bosredon, Saint-Cyrien de vingt ans, quand il écrit à sa sœur :

« N'en dis rien à papa et à maman. Mais, partant officier, j'ai bien peu de chances d'en revenir. Je le sais, et j'ai dès maintenant fait de grand cœur le sacrifice de ma vie… Nous allons arriver jeunes, sans grande valeur, pour commander des hommes entraînés et de vieux soldats déjà. Pour les faire marcher, il faudra payer de notre personne, et nous paierons. »

Généreux jeune homme, qui ne dit rien des fautes commises avant qu'il fût en âge, et qui, nouveau venu, trouve tout naturel de payer de sa vie la victoire !

Et dans toutes nos grandes écoles, dans tous nos collèges, les jeunes gens sont les frères de ces jeunes chefs militaires. Pour eux, une seule chose compte : le besoin que la France ne soit plus une vaincue. Ils sont les jeunes, les purs, les régénérateurs, les hosties de la patrie. Ils accepteront tout pour être dignes de leurs aïeux, pour remplir leur destin et racheter la France.

Les professeurs dans les collèges ne s'y trompaient pas. Depuis quelques années, ils voyaient apparaître « une génération au clair regard, à la démarche assurée, au cœur sans crainte. » La destinée préparait à la France des sauveurs. « D'où sort la France du 2 août ? s'écrie un maître du lycée Janson-de-Sailly.[1] De quarante années courbées sous la menace de l'Allemagne. C'est une douleur, une longue humiliation qui explosent enfin en espérances. »

Voilà nos jeunes gens. Mais la guerre a réuni à l'armée toute la nation mâle de dix-huit à quarante-huit ans.

Evidemment, un quadragénaire ne part pas avec cette ivresse de bonheur que nous venons de voir chez nos Saint-Cyriens. Il n'éprouve plus « ce coupable amour du danger » que Tolstoï, causant avec Déroulède, sur le tard de sa vie, s'accusait d'avoir, lui aussi, connu dans sa jeunesse. C'est le refroidissement du sang, c'est aussi l'ouverture d'un nouvel horizon. En fondant un foyer, le jeune homme d'hier a assumé des devoirs de protection envers sa famille. Comment aurait-il la magnifique impétuosité du Saint-Cyrien qui dit : « Jeune officier pendant la guerre, c'est vraiment la carrière où l'on recueille de suite les fruits de son honneur, de son énergie, de son dévouement.[2] » Le père de famille a derrière lui déjà les fruits de sa vie ; il les abandonne, et, à défaut de cette beauté d'allégresse, ce qu'il nous fait voir, c'est la beauté d'un sacrifice perpétuellement médité. Il existe chez le jeune homme le sentiment de son sacrifice, mais il écarte en hâte cette inquiétude, ne se l'avoue pas, et même, seul à seul, la repousse avec colère. Au contraire, le soldat plus âgé l'accueille et s'en fait un mérite, soit auprès de Dieu, soit auprès de la Patrie.

Gemens spero, avait pris pour devise, dans les boues de sa tranchée d'Artois, le soldat François Laurentie, père de six enfans. Il gémissait, réconforté par l'espérance que ses enfans n'auraient pas à gémir. Toutes les lettres testamentaires qui sortent des tranchées

---

[1] M. S. Rocheblave.

[2] Jean Allard-Méeus : *Lettre à sa mère.*

Maurice Barrès

apportent la même note. Le territorial se bat pour que ses enfans n'aient pas à se battre. Il fait la guerre pour détruire la guerre.

Il se bat aussi pour sa terre. Quelle fut l'émotion des hommes du 20ᵉ corps quand ils répandirent leur sang devant Nancy, devant Verdun ; des hommes de Péguy, ces faubouriens de Belleville et de Bercy, quand ils virent au bout de leur retraite, en septembre 1914, l'immense Paris dans sa brume qu'ils allaient défendre ! L'un d'eux, Victor Boudon, un blessé de la bataille de l'Ourcq, écrit à cette date : « On aperçoit dans le lointain les lueurs blanches des projecteurs des forts parisiens, et, par instant, à travers les feuillages, les lumières de la capitale. Nos cœurs battent violemment à la fois d'émotion, de joie et de crainte. »

Un soldat, qui a bien su observer ces débuts de la campagne, résume ainsi son témoignage : « Atmosphère générale d'offrande. »

De ces vieux, de ces jeunes, qu'est-ce que la guerre fait ? Une fraternité. Binet-Valmer, engagé volontaire pour la durée de la guerre, m'envoie, du front où il se bat, un mot bien beau, le cri de tous : « Nos hommes sont admirables, et *nous nous aimons tous.* »

Les hommes sont admirables, c'est-à-dire prêts au sacrifice. Soldats qui s'offrent comme volontaires, soldats qui s'en vont de leur initiative propre relever entre les tranchées des camarades blessés, ensevelir des morts. A quoi bon dénombrer de tels épisodes, en donner aucune preuve ? On sait que les Fils de France sont braves. Et par exemple, on sait dans tout l'univers la bataille qui dure depuis cinq mois et que nous avons le droit d'appeler la victoire de Verdun.

Mais quoi ? dans les autres armées aussi on est brave…-

Ce qui est particulier et ce qui a frappé votre grand Rudyard Kipling comme une splendeur qu'on ne voit nulle part ailleurs à ce degré, c'est l'attachement des soldats français pour leurs chefs, et des chefs pour les soldats et de tous entre eux.

Parmi eux, nul mensonge possible. C'est une vie de vérité et de la part de tous. Au début, il existait une nuance de sans-culottisme, une sorte de goguenardise, où survivait à l'encontre des chefs chez le soldat citoyen un sentiment excessif de l'indépendance. Mais depuis, sous les épreuves communes, ce sentiment dangereux s'est mûri et ennobli. Ces hommes continuent à se regarder les uns les autres avec une critique aussi sévère, mais en prenant pour mesure les services rendus au bien commun. Ils ne s'attachent plus qu'aux vraies supériorités, celle de l'esprit, celle du cœur.

En pleine tuerie, ces Français se rappellent constamment. qu'ils sont des âmes. Les meilleurs élèvent leurs mains sanglantes vers le ciel, chacun vers son Dieu. Chacun d'eux est préoccupé de prouver la valeur de sa pensée par sa bravoure et par son sacrifice. Chacun agit comme s'il savait (et il le sait) que ses coreligionnaires de la France entière lui ont mis entre les mains leur honneur et les chances de leur idéal. Nos instituteurs rivalisent avec nos prêtres, également admirés les uns et les autres par l'élite de la nation et par leurs frères d'armes. Le Père de Gironde écrit sur son mémorial intime : « Me conduire de telle manière que nous ne puissions plus être exilés. » Et le journal d'Hervé publie chaque jour des lettres, toute une mystique, où les socialistes s'écrient : « Que nous reprochera-t-on désormais ? Est-elle assez justifiée notre foiinternationaliste qui nous donne la volonté de sauver la France ! »

Ils ont tous une haute moralité commune : le besoin et l'orgueil de ne verser leur sang que pour une cause juste.

Pour nous hausser jusqu'au sommet où vivent les soldats de cette guerre, quel plus beau symbole de l'entr'aide spirituelle qu'ils se donnent que le dévouement du lieutenant-colonel Driant ? Driant se porte, au péril de sa vie, auprès d'un de ses lieutenans blessés, et sous le feu de l'ennemi, il reçoit sa confession et lui donne l'absolution.

Cette terre des tranchées est sainte ; elle est tout imprégnée de sang, elle est tout imprégnée d'âme…

Cette fraternité, cette vie spirituelle prolongée durant deux ans de guerre, arrivent à donner à certaines unités militaires une âme collective. Certaines de ces âmes paraissent si belles, dégagent un rayonnement si fort, pareil à celui des saints, que d'autres groupes reçoivent un accroissement rien qu'à les admirer.

« C'était en Artois, au printemps de 1915, me dit un jeune soldat, Roland Engerand. Mon régiment arrivait d'un secteur tranquille de l'Aisne, où nous avions fait peu de pertes. La veille, nous venions encore de recevoir un renfort de la classe 15. On nous avait tout habillés de neuf. Nos uniformes d'azur n'avaient pas eu le temps d'être ternis par la boue, la poussière et la pluie ; nous débordions d'enthousiasme ; nos colonnes, aux cadres complets, avec un officier ou aspirant à la tête de chaque section, allongeaient fièrement leurs trois mille deux cents hommes sur la route. On nous avait dit que nous nous dirigions vers un coin sacré, où tous les yeux étaient tournés. La trouée tant rêvée avait été, quelques heures, virtuellement faite, grâce à l'héroïsme inouï des divisions « de fer » et « d'airain. » Nous allions relever ces troupes, et, en montant aux tranchées par le plus beau crépuscule, nous nous demandions avec un peu d'inquiétude si nous serions à la hauteur de pareils héroïsmes, car une telle succession est lourde.

« Et soudain, voilà que sur la route, dans le soleil couchant qui dorait toutes choses, un fort groupe nous apparut. Des soldats venaient lentement, sans hâte, sans bruit. Des hommes en haillons, portant encore de vieux uniformes bleu foncé, tout déchirés et salis de boue et de sang ; des fusils rouillés et encrassés ; des souliers sans nom ; des képis rouges, mal recouverts de lambeaux de manchons bleus ; et au milieu de tout cela, des figures superbes, sales, hirsutes, aux pauvres traits tirés et durcis, avec des yeux dont le regard entrait en nous jusqu'à l'âme, car il reflétait tous les spectacles sublimes recueillis depuis quinze jours. Ces regards de fièvre et de victoire, quel rayonnement ! Ils passaient près de nous, ces hommes, en nous regardant avec curiosité, étonnés de notre luxe et de notre nombre, et, tout en défilant, ils nous disaient seulement : « Ne vous en faites pas. Bon courage, on les a eus ! » Tous répétaient : « On les a eus ! » Des voix jeunes, des voix de Parisiens, des voix à l'accent plus rude, des voix de l'Est, et cette voix enfin qui avec un accent d'Alsace nous jeta du dernier rang : « Les *Bauches*, on les a eus ! » Ils n'avaient retenu que cela de toutes leurs souffrances. Leur capitaine les regardait silencieusement avec une prodigieuse expression d'amour.

« Et pendant que nous montions, tous remués, prendre leur place, ils disparurent, de leur pas lassé et triomphal…

« J'ai compris ce jour-là ce que c'était que la beauté de la gloire. »

Que ce dernier mot d'un enfant est grandiose ! Ainsi s'allument à l'héroïsme les cœurs bien nés. Ainsi l'esprit de la frontière, inséré dans les origines du 20ᵉcorps et perpétué par lui, court à travers les âmes qu'il embrase.

Et quelquefois cette âme collective parle.

Aujourd'hui, dans le monde entier, chacun connaît cet épisode que d'innombrables articles, des gravures, des poésies ont popularisé. Vous vous rappelez ? Les Allemands ont envahi une tranchée et brisé toute résistance ; nos soldats gisent à terre, mais soudain de cet amas de blessés et de cadavres, quelqu'un se soulève et saisissant à portée de sa main un sac de grenades, s'écrie : « Debout les morts ! » Un élan balaye l'envahisseur. Le mot sublime avait fait une résurrection.

J'ai désiré connaître le héros de ce fait immortel, le lieutenant Péricard. Voici ce qu'il me raconta :

« C'était au Bois-Brûlé, au commencement d'avril 1915. Nous nous battions depuis trois jours ; nous n'étions plus dans la tranchée qu'une poignée d'hommes harassés, complètement isolés avec une pluie de grenades sur nos têtes. Si les Boches connaissaient notre petit nombre ! Leur artillerie fait rage. Unlieutenant (son nom m'échappe), qui est venu me soutenir et qui fume sa cigarette en riant aux projectiles, reçoit une balle au-dessus de la tempe. Il s'appuie au parapet, les deux mains derrière le dos, la tête légèrement inclinée. Par la blessure le sang gicle avec force, en décrivant une parabole, comme le vin d'un tonneau par le trou de la vrille. La tête penche de plus en plus, puis le corps s'incline, puis, brusquement, la chute.

« La douleur de ses hommes, qui se jettent en pleurant sur son corps !… Impossible de faire un pas sans marcher sur un cadavre. Je me rends compte, soudain, de la précarité de mon sort. Mon exaltation m'abandonne. J'ai peur. Je me jette derrière un amas de sacs. Le soldat Bonnot reste seul. Il n'en a cure et il continue de se battre comme un lion, seul contre combien ?

« Je me ressaisis, son exemple m'a fait honte. Quelques camarades nous rejoignent. Le jour s'achève. Nous ne pouvons pas demeurer ainsi. A droite, il n'y a toujours personne. J'aperçois la tranchée sur une longueur d'une trentaine de mètres, interrompue par un énorme pare-éclats. Si j'allais voir ce qui se passe par là ? J'hésite. Puis, un coup de volonté et je me décide.

Maurice Barrès

« La tranchée est pleine de cadavres français. Du sang partout. Tout d'abord, je marche avec circonspection, peu rassuré. Moi seul avec tous ces morts !... Puis, peu à peu, je m'enhardis. J'ose regarder, ces corps, et il me semble qu'ils me regardent. De notre tranchée à nous, en arrière, des hommes me contemplent avec des yeux d'épouvante, dans lesquels je lis : « Il va se faire tuer ! » C'est vrai qu'abrités dans leurs boyaux de repli, les Boches redoublent d'efforts. Leurs grenades dégringolent et l'avalanche se rapproche avec rapidité. Je me retourne vers les cadavres étendus. Je pense : « Alors, leur sacrifice va être inutile ? Ce sera en vain qu'ils seront tombés ? Et les Boches vont revenir ? Et ils nous voleront nos morts ?... » La colère me saisit. De mes gestes, de mes paroles exactes, je n'ai plus souvenance. Je sais seulement que j'ai crié à peu près ceci : « Holà, debout! Qu'est-ce que vous f... par terre ? Levez-vous et allons f... ces cochons-là dehors ! »

« Debout les morts !... Coup de folie ? Non. *Car les morts me répondirent.* Ils me dirent : « Nous te suivons. » Et se levant à mon appel, leurs âmes se mêlèrent à mon âme et en firent une masse de feu, un large fleuve de métal en fusion. Rien ne pouvait plus m'étonner, m'arrêter. J'avais la foi qui soulève les montagnes. Ma voix, éraillée et usée à crier des ordres pendant ces deux jours et cette nuit, m'était revenue, claire et forte.

« Ce qui s'est passé alors ? Comme je ne veux vous raconter que ce dont je me souviens, en laissant à l'écart ce que l'on m'a rapporté par la suite, je dois sincèrement avouer que je ne le sais pas. Il y a un trou dans mes souvenirs ; l'action a mangé la mémoire. J'ai simplement l'idée vague d'une offensive désordonnée, dans laquelle, toujours au premier rang, Bonnot se détache. Un des hommes de ma section, blessé au bras, continuait de lancer sur l'ennemi des grenades tachées de son sang. Pour moi, j'ai l'impression d'avoir eu un corps grandi et grossi démesurément, un corps de géant, avec une vigueur surabondante, illimitée, une aisance extraordinaire de pensée qui me permettait d'avoir l'œil de dix côtés à la fois, de crier un ordre à l'un, tout en donnant à un autre un ordre par geste, de tirer un coup de fusil et de me garer en même temps d'une grenade menaçante.

« Prodigieuse intensité de vie, avec des circonstances extraordinaires. Par deux fois les grenades nous manquent, et par deux fois nous en découvrons à nos pieds des sacs pleins, mêlés aux sacs à terre. Toute la journée, nous étions passés dessus sans les voir. Mais c'étaient bien les morts qui les avaient mis là !…

« Enfin les Boches se calmèrent ; nous pûmes consolider notre barrage de sacs en avant dans le boyau. Nous nous trouvâmes de nouveau les maîtres dans ce coin.

« Toute la soirée et pendant plusieurs des jours qui suivirent, je gardai l'émotion religieuse qui m'avait saisi au moment de l'évocation des morts. J'éprouvais quelque chose de comparable à ce qu'on ressent après une communion fervente. Je comprenais que je venais de vivre des heures que je ne retrouverais plus jamais, durant lesquelles ma tête, ayant brisé d'un rude effort le plafond bas, s'était dressée en plein mystère, parmi le monde invisible des héros et des dieux.

« A cette minute, certainement, j'ai été soulevé au-dessus de moi-même. Il faut bien que cela soit, puisque j'ai reçu les félicitations de mes hommes. Pour qui a pratiqué les poilus, il n'est pas de Légion d'honneur qui vaille ces félicitations-là. « Si je vous parais chercher, en vous faisant ce récit, une satisfaction de vanité, c'est que j'exprime bien mal mon sentiment, ma volonté. Je sais que je n'ai rien d'un héros. Chaque fois qu'il m'a fallu sauter le parapet, j'ai grelotté de peur, et la détresse qui m'a saisi en pleine action et que je vous disais il y a un instant n'est pas un accident dans ma vie de soldat. Je ne mérite aucun compliment d'aucune sorte. Ce sont les vivans qui m'ont entraîné par leur exemple, et les morts qui m'ont conduit par la main. Le cri ne sortit pas de la bouche d'un homme, mais du cœur de tous ceux qui gisaient là, vivans et morts. Un homme seul ne pourrait trouver cet accent. Il y faut la collaboration de plusieurs âmes, soulevées par les circonstances, et dont quelques-unes déjà planaient dans l'éternité.

« Pourquoi ai-je été choisi plutôt que tel officier, plutôt que tel soldat, parmi ceux qui furent mêlés à l'affaire et dont l'héroïsme n'a pas, comme mon courage à moi, connu de défaillance ? Pourquoi plutôt que le colonel de Belnay qui parcourait les lignes sous la pluie de grenades, ou le lieutenant Erlaud, ou le sous-lieutenant Pellerin, ou l'aspirant Vignaud, ou le sergent Prot, ou le caporal Chuy, ou le caporal Thévin, ou le soldat Bonnot ? (*Il m'en citait indéfiniment.*) Pourquoi ? on peut recevoir le souffle d'en haut et n'être qu'un pauvre homme.

« Si jamais vous racontez cette histoire, je vous demande instamment de nommer tous ces chefs et ces soldats, car ce serait un mensonge que j'aie l'air de monopoliser la gloire de cette belle journée de notre régiment. Le cri n'est pas à moi seul, il est à nous tous. Plus vous fondrez mon rôle dans la masse, plus vous vous rapprocherez de la réalité. J'ai la conviction de n'avoir été qu'un instrument entre les mains d'une puissance supérieure. »

II

Voilà les faits. En voilà du moins un échantillon, un échantillon du vin qui depuis deux ans fermente sur nos collines, du froment de nos sillons et du sang de nos batailles.

Mais tout cela, est-ce donc rien d'inconnu et d'inattendu ? C'est du fruit français, pareil à ce que la vieille nation produisit tant de fois le long des siècles ; c'est le vin, le froment, le sang de toutes nos épopées. Reconnaissons dans notre passé chacun des traits que nous venons de marquer. Les chansons de geste, les croisades, tout le jeune âge de la France regorgent d'innombrables faits accomplis par nos chevaliers et par la *sancta plebs Dei* qui devancent, annoncent les exploits mis à l'ordre de nos armées en 1916.

Le vœu mortel des jeunes Saint-Cyriens… mais c'est un épisode typique de nos chansons de geste. Il n'est de thème qu'elles développent avec plus de fraîcheur et de génie que l'allégresse guerrière, la pureté, la bonne volonté des jeunes héros, les Aymerillot, les Roland, les Guy de Bourgogne dans leur première adolescence. Quand les *Montmirail* et les *Croix du drapeau* font le serment de recevoir le baptême du feu gantés de blanc et le casoar au képi, c'est un chapitre qui revit des « Enfances Vivien. » Le jour que le jeune Vivien est armé chevalier, il jure devant son lignage assemblé de ne jamais reculer en bataille de la longueur de sa lance ; et c'est de ce serment qu'il mourra.

Gemens spero, c'est la pensée qu'inspire au territorial le souvenir de ses six enfans. Il se complaît douloureusement à les évoquer. Ainsi ce chevalier dont parle Jacques de Vitry qui, au moment du départ pour la croisade, rassemble autour de lui ses enfans.

« Je les ai tous fait venir, explique-t-il, afin que ma douleur de partir soit plus vive et pour offrir à Dieu un sacrifice plus grand. »

L'esprit d'égalité et de fraternité dans nos tranchées… Joinville raconte que saint Louis travaillait aux tranchées et portait lui-même la flotte.

Nuls n'est vilains s'il ne fait vilenie.

C'est un vers des chansons de geste, comme ce pourrait être un vers de Corneille, comme c'est la pensée de chaque Français et Française en 1916. Durant la bataille d'Antioche, l'évêque du Puy harangue les Croisés : « Nous tous qui sommes baptisés au nom du Christ, nous sommes les fils de Dieu, et des frères les uns pour les autres… Combattons donc d'un même cœur en frères » et le sire de Bourlémont (Bourlémont, la seigneurie au-dessus de Domrémy ; le sire de Bourlémont, celui dont le petit-fils allait connaître Jeanne d'Arc) dit à Joinville qui partait pour la Croisade : « Vous en alès outre mer, or vous, prenés garde au revenir, car nuls chevaliers, ne povres ne riches, ne puet revenir qu'il ne soit honnis, s'il laisse en la main des Sarrazins *le peuple menu Nostre Seignor*, en laquel compaignie il est alez. »

Driant qui se traîne sous la mitraille pour porter l'absolution à un lieutenant qui se meurt… c'est Guillaume d'Orange venant au secours de son neveu Vivien à la bataille des Aliscamps. Il arrive trop tard, il combat longuement pour le rejoindre, ne parvient pas à le retrouver, ni vif, ni mort. Le soir approche. Il chevauche par le champ, très las. Sur son front que le cercle du heaume enserre, des gouttes de sang tombent comme de la couronne d'épines. Le sang de ses plaies se caille sous son haubert. Il cherche vainement Vivien. Enfin, sur l'herbe, à ses pieds, il reconnaît, hérissé de flèches, l'écu de l'enfant. Plus avant, non loin d'une source, sous la ramure d'un grand olivier, Vivien gît inanimé, ses blanches mains croisées sur sa poitrine. Guillaume met pied à terre, l'embrasse tout sanglant, le pleure comme un mort : « Neveu Vivien, jeunesse belle, c'est grand pitié de ta prouesse toute neuve… » Mais peu à peu, entre ses bras, l'enfant se ranime, ouvre les yeux : il avait « retenu sa vie » sachant que Guillaume viendrait. Guillaume d'Orange, ayant loué Dieu, lui demande s'il veut lui dire ses péchés en « vraie confession. » « Je

Maurice Barrès

suis ton oncle, nul ici ne t'est plus proche que moi, hormis Dieu ; en son lieu et place, je serai ton chapelain ; à ce baptême, je veux être ton parrain. » Vivien se confesse ; — son grand péché, c'est d'avoir fui, croit-il contrairement à son vœu, — Guillaume l'absout, puis prend une hostie dans son aumônière, le communie. Vivien meurt.

Guillaume d'Orange charge son corps en travers de sa selle pour l'emporter dans sa ville. Mais il ne pont franchir les lignes ennemies. Il rebrousse chemin, rapporte Vivien sous l'olivier. La nuit est tombée, il pourra échapper seul… Pourtant, à la minute de laisser là le corps, un regret le prend ; l'abandonner ainsi seul, dans les ténèbres ? Les autres pères, quand leurs enfans meurent, ne les veillent-ils pas ? Alors il attache son cheval à l'olivier et commence la veillée.

Sous la ramure notre de l'olivier, le corps de Vivien rayonne et répand dans l'air le parfum du baume et de la myrrhe. La nuit est douce et sereine. Debout auprès de son fils mort, le comte pleure, il ne peut s'en rassasier. Au matin, il attendit que le soleil fût haut levé et brillât bien clair. Alors il renoua les lacs rompus de son heaume, embrassa Vivien, le regarda une dernière fois ;… il se remit en selle ; s'achemina à petits pas vers la route que tenaient les Sarrasins, puis venu à la portée d'un arc, il cria son cri d'armes, et, baissant sa lance de frêne, il chargea.

Debout les morts !… ce cri mystérieux du Bois d'Ailly, déjà nous l'avons entendu. Au siège d'Ascalon, les Templiers voient plusieurs de leurs frères pendus par les Sarrasins sur la porte de la cité. Ils sont pris de découragement, ils veulent lever le siège. Mais le maître du Temple leur dit : « Voyez, les morts nous appellent, car déjà ils ont pris la ville. »

On pourrait multiplier à l'infini ces rapprochemens, ces images de la plus jeune France et de la France d'aujourd'hui que l'on disait vieillie, et comme les peintres verriers de nos cathédrales ont souvent juxtaposé les figures de l'ancienne loi en regard de la nouvelle, ici Jonas et la baleine, là le Christ et le tombeau, ici Moïse et le buisson ardent, là la Vierge et la crèche, je pourrais disposer ces notes indéfiniment suivant le même procédé de symétrie pour mettre en relief la ressemblance des petits-fils et des aïeux, et plus profondément la concordance de toutes nos guerres et de la grande guerre.

Le zouave de 1914 qui, du milieu d'un groupe de prisonniers derrière lesquels les Allemands s'abritent, crie aux Français : « Mais tirez donc ! » et qui meurt sous leurs balles, nous le connaissions déjà : il y a neuf siècles, les Sarrasins firent monter aux créneaux d'Antioche un croisé prisonnier pour qu'il demandât à ses frères de renoncer à l'assaut. Mais il leur cria d'attaquer. Les Sarrasins lui tranchèrent la tête. Etienne de Bourbon ajoute que la tête, lancée du haut des murs par une baliste, et venue aux mains des chrétiens, riait de joie.

Entre les deux, le chevalier d'Assas.

Le jeune soldat défiguré qui dit : « Si mon père me voyait ! Bah ! Il ne m'a pas fait pour être beau ; il m'a fait pour être brave... » met visiblement à tenir ce propos la même fierté que Montluc à dénombrer ses « sept arquebousades » dont la plus belle, à son gré, était celle de Rabastens qui lui avait troué la face.

Le capitaine de F... qui déclare : « Un officier de mon grade, qui fait son devoir dans la condition où je me trouve, ne doit pas revenir vivant, » témoigne d'un esprit de sacrifice qui outrepasse le mot d'ordre de Godefroy de Bouillon, au moment du dernier assaut contre Jérusalem, à la Porte de David : « Ne redoutez la mort, mais alez la quérant. »

Le poète Charles Perrot a été tué devant Arras le 23 octobre : un de ses camarades, le voyant malade, venait de lui dire : « Je vais te remplacer. Tu as toujours fait ton devoir. Repose-toi. » Et Charles Perrot avait répondu : « On n'a jamais fini de faire son devoir. » Ce poète s'accorde avec le chevalier Erard de Sivry qui combattait à Mansourah au côté de Joinville, et cinq chevaliers avec eux, dans une maison ruinée. Atrocement blessé au visage, il hésitait à aller chercher du renfort, de peur qu'on fit un jour reproché à lui et à sa parenté. « Vous pouvez aller, lui répond Joinville, car déjà vous êtes un homme mort ; » mais il ne se contente pas de l'avis de Joinville, il croit devoir demander conseil tour à tour à chacun des autres...

Au bois de la Grurie, une compagnie du 151ᵉ régiment d'infanterie barre l'entrée du boyau. Trois hommes seulement peuvent y tenir de front. Quand un homme tombe, un autre prend sa place. Le combat dura deux heures ; trente hommes tombèrent. Incident banal, presque quotidien. Comment ne pas penser à cet épisode des croisades que l'on appelait « le Pas Saladin » et que l'on peignait de toutes parts dans la salle des châteaux ? C'était votre roi Richard, Gautier de Châtillon, Guillaume des Barres, neuf autres chevaliers qui défendaient un défilé devant Jaffa. Tout le Moyen Age regarda ces douze hommes comme des miroirs de la chevalerie et conserva pieusement leurs blasons. Mais nous ne saurons jamais les noms des grenadiers du bois de la Grurie et de tant d'autres tranchées. Ils sont trop.

III

Voilà plus de mille ans que ce fleuve de prouesses coule à pleins bords. Nous venons d'y puiser ; nous n'avons pu saisir dans le flot qui passe que ce que contenaient nos deux mains rapprochées. Qu'est-ce que tout cela ? Que prouvent ces aventures héroïques et charmantes, cette vie profonde, cette âme française débordée ?

Les Français se battent en état religieux. Les premiers, ils ont inventé l'idée de guerre sainte. Le soldat de l'an II, quand il croit apporter au monde la Liberté et l'Egalité, se dévoue du même élan et dans le même esprit que le croisé de Jérusalem. Quand le croisé crie : « Dieu le veut, » quand le volontaire de Valmy crie : « La République nous appelle, » c'est le même cri d'armes. Il s'agit de réaliser plus de justice et plus de beauté sur la terre. A tous deux, une voix du ciel ou leur conscience dit :

Se vous mourez, esterez sainz martirs.[1]

Ce n'est pas chez nous qu'on entreprend des guerres de proie. Des guerres pour la gloire et l'honneur, soit, parfois ! Mais pour soulever la nation unanime, il faut qu'elle se connaisse le champion de Dieu, le chevalier de la justice. Il nous faut être persuadés que nous luttons contre les Barbares, Islam jadis, aujourd'hui Pangermanisme, ou contre les despotes, militarisme prussien et impérialisme allemand.

Les Français défendant la France ont cru presque toujours lutter et souffrir pour que l'humanité fût plus belle. Ils se battent pour

1 *La Chanson de Roland.* — L'archevêque Turpin, avant la bataille, à l'armée agenouillée.

leur terre pleine de tombeaux et pour le ciel où règne le Christ, où flottent du moins leurs idées. Ils meurent pour la France, autant que les fins françaises peuvent être identifiées aux fins de Dieu ou bien aux lins de l'humanité. Et c'est ainsi qu'ils font la guerre avec des sentimens de martyrs.

Voulez-vous entendre un grand texte, voulez-vous savoir comment on décidait nos aïeux, il y a neuf siècles, à partir pour la Croisade ? Vous apprendrez en même temps comment nos soldats, aujourd'hui encore, ont besoin qu'on les harangue. Ecoutez, c'est le pape Urbain II (un homme de France, ne en Champagne) qui prêche au Concile de Clermont en Auvergne. Il dit : « Nation des Français, nation élue de Dieu, comme le montrent tes œuvres, et chère à Dieu, et qui te distingues entre toutes les autres par ton dévouement à la sainte foi et à l'Eglise, c'est vers toi que va notre parole et notre exhortation…A qui peut revenir la tâche de venger les outrages des Infidèles, sinon à vous, Français, à qui Dieu donna, plus qu'à tout autre peuple, la noble gloire des armes, des cœurs grands, des corps agiles, et la force de ployer qui vous résiste ? Puissent émouvoir vos âmes et les exciter les actes de vos ancêtres, la prouesse et la grandeur du roi Charlemagne, de son fils Louis et de vos autres rois, lesquels ont détruit les royaumes des païens et reculé les frontières de la Sainte Eglise !… O chevaliers très preux, issus de lignages invincibles, souvenez-vous de la valeur de vos pères !… » Voilà comment il fallait présenter les choses à nos nobles aïeux. Et c'est ainsi que leur parlaient Jeanne d'Arc, qui se nommait elle-même la « Fille Dieu, » et Bonaparte, et avec lui les généraux républicains, et c'est encore l'esprit dont s'enflamment nos soldats quand ils surgissent des tranchées en chantant *la Marseillaise*, sous la bénédiction de leurs aumôniers.

Sans doute, la raison nous atteint et nous persuade. Nous entendons ceux qui nous disent que la France est un chef-d'œuvre réel et tangible dont il faut maintenir et perfectionner les formes ; qu'elle ne peut pas vivre sans Metz et Strasbourg, qu'elle a besoin d'équilibrer son Midi avec des populations du Nord et de l'Est ; qu'elle sera désarmée, ouverte, tant qu'il lui manquera ses frontières naturelles… Mais beaucoup demeureraient froids. Et pour se sacrifier, les fils de France veulent toujours n'être pas morts uniquement pour la France.

Maurice Barrès

Il est arrivé que la France brisât la chaîne de ses traditions et perdît jusqu'à ses souvenirs, cependant elle demeurait fidèle à son âme. Dans chaque génération elle fait revivre des Roland, des Godefroy de Bouillon, des Bayard, des Turenne, des Marceau, ne sût-elle plus leurs noms, et toujours elle s'enivre avec des sentimens dont elle ne change que les formules.

Parfois le poème sommeille : jamais il ne fut plus fraternel, plus religieux qu'à cette heure. Comme de nombreux traits de l'Ancien Testament, obscurs et chétifs par eux-mêmes, ne prennent leur plein sens qu'à la lumière du Nouveau, de même les antiques prouesses des chevaliers et de nos aïeux respectés semblent n'être que la préfiguration des choses plus riches et plus saintes d'aujourd'hui. On dirait que l'histoire de notre nation tendait tout entière à ce que nous voyons depuis deux années. Des millions de Français sont entrés dans cet état d'héroïsme et de martyre qui jadis, aux époques les plus hautes de notre histoire, fut le fait seulement d'une élite. Jeune ou vieux, pauvre ou riche, et quel que soit son *credo*, le soldat français de 1916 sait que la France est une nation qui intervient quand il y a trop d'injustice sur la terre, et dans sa tranchée boueuse, le fusil à la main, il sait qu'il continue les *Gesta Dei per Francos*.

Roland au soir de Roncevaux meurt en murmurant : *Terre de France, mult estes dulz pays.*

C'est avec le même mot et le même amour que meurent les soldats d'aujourd'hui. « Au revoir, écrit Jean Cherlomey à sa femme, promets-moi de n'en pas vouloir à la France si elle m'a voulu tout entier. » « Au revoir, c'est pour la France, » dit en mourant le capitaine Hersart de la Villemarqué. — « Vive la France, je suis content, je meurs pour elle ! » dit le brigadier Voituret, du 2ᵉ dragons. Et il expire, en essayant de chanter *la Marseillaise.* — Albert Malet, dont les manuels ont enseigné l'histoire à nos écoliers, s'est engagé pour la guerre ; une balle l'atteint à la poitrine. Il s'écrie : « Mes amis, en avant ! Je suis heureux de mourir pour la France. » Et il s'affaisse sur les fils barbelés devant la tranchée ennemie. « Vive la France, je meurs, mais je suis content ! » crient tour à tour l'un après l'autre des milliers de mourans, et le soldat Raissac du 31ᵉ de ligne, blessé à mort le 23 septembre 1914, trouve avant d'expirer la force d'écrire au dos de la photographie de sa mère : « Mourir est un honneur pour le soldat français. »

Ils ne veulent pas qu'on les pleure. Georges Morillot, normalien, sous-lieutenant au 27ᵉ d'infanterie, mort pour la France dans la forêt d'Apremont, le 11 décembre 1914, laissait une lettre à ses parens : « Si vous ouvrez cette lettre, c'est que je ne serai plus et que je serai mort de la plus belle mort. Ne me pleurez pas trop : ma fin est enviable entre toutes… Parlez de moi par momens comme d'un de ceux qui ont donné leur sang pour que la France vive, et qui sont morts joyeusement… Depuis ma première enfance, j'ai toujours rêvé de mourir pour mon pays, face à l'ennemi… Laissez-moi dormir où le hasard des batailles m'aura mis, à côté de ceux qui comme moi seront morts pour la France : j'y dormirai bien… Mes chers parens, heureux ceux qui sont morts pour la patrie ! Qu'importe la vie des individus, si la France est sauvée ! Mes bien-aimés, nepleurez pas… Vive la France ! » — Louis Belanger, âgé de vingt ans, tué à l'ennemi le 28 septembre 1915, avait écrit aux siens : « J'espère que ma mort ne sera pas pour vous un sujet de tristesse, mais une sensation de fierté. Je désire que mon deuil ne soit pas porté, car il ne faut pas qu'au jour de gloire où la France sera restaurée, le noir vienne ternir le soleil dont toutes les âmes françaises seront illuminées. » Pour lui obéir, les billets faisant part de sa mort n'ont point été encadrés de noir, mais bordés d'une bande d'argent. — Hubert Prouvé-Drouot, Saint-Cyrien de la pro-motion de la Grande Revanche, mort au champ d'honneur, donne pour dernière recommandation à sa mère, en la quittant pour re-joindre son régiment : « Quand les troupes rentreront victorieuses par l'Arc de Triomphe, si je ne suis plus là, mettez vos plus beaux vêtemens et soyez-y ! »

Les mères entendent et participent de cet enthousiasme sacré. Devant le lit d'hôpital où gît le corps de son fils mort, un père pleure ; la mère, une paysanne, lui prend la main : « Faut avoir du courage, mon homme. Tu vois bien que le petit en avait. » — Un soldat de Bagnères-de-Bigorre, jardinier à Lourdes, meurt à l'hô-pital de l'Institut par suite d'une grave blessure : sa femme, appelée par dépêche, arrive trop tard. Devant le corps de son cher mort, elle dit simplement : « Il est mort pour la patrie. C'était sa mère, je ne suis que sa femme. » — Mme de Castelnau, la femme du chef illustre, est à la table de communion ; elle prie pour ses trois fils qui

Maurice Barrès

se battent. Mais voici que la main du prêtre qui lui présente l'hostie tremble. Elle a compris et dit simplement : « Lequel ? »

C'est que les mères françaises soutenues par une force surnaturelle croient que leurs fils en tombant pour la France trouvent, plutôt que la mort, leur épanouissement. L'une d'elles, qui ne veut pas que nous la nommions, emploie ce mot dans une lettre éblouissante de sainte beauté :

Paris, 20 octobre 1915.

« Commandant,

« Je ne saurais assez vous remercier de la fidélité de votre douloureux souvenir. L'anniversaire du sacrifice de mon brave enfant est particulièrement cruel et doux : cruel, parce qu'il me rappelle un jour où je songeais à lui, sans me douter de l'épreuve que sa vaillance allait me coûter ; doux, parce que je ne saurais évoquer la brusque fin de cette pure et courte vie, sous un autre aspect que celui d'un suprême épanouissement.

« Merci, commandant, de tout ce que vous me dites de mon cher petit soldat ; puisse sa mort glorieuse contribuer à la victoire de notre France, alors je m'agenouillerai, et une fois de plus je dirai : merci !

« Mon cœur de mère reste brisé devant la mort de cet enfant de vingt ans qui était toute ma joie. Ah ! comme à la fois on peut être lier et malheureux !

« Voulez-vous, commandant, être mon interprète auprès de tous ceux qui gardent le souvenir de celui qui est tombé pour la patrie, et leur dire que ma pensée va souvent vers cette terre de Lorraine si chère aux âmes françaises.

« Recevez, commandant… »

Un suprême épanouissement, dit-elle ! Il semble, en effet, que nous n'ayons connu que des chrysalides et que tout un peuple déploie ses ailes. La France éternelle se dégage. C'est pour elle que les fils de France meurent d'une mort pieusement acceptée par les mères.

Une femme du peuple est avertie de la mort de son mari au champ d'honneur, tandis qu'elle tient dans ses bras son enfant qu'elle al-

Les traits éternels de la France

laite. Elle chancelle, se redresse et crie : « Vive la France ! » en soulevant son fils vers le ciel… Fils des martyrs, fils de trente générations pareilles, tu vivras demain dans la France de la victoire.

MAURICE BARRES.

Discours de réception à l'Académie Française (1907)

Messieurs,

La plus forte des raisons qui peuvent convaincre un écrivain de solliciter vos suffrages, c'est qu'à s'asseoir parmi vous, il devient le confrère, non seulement d'une élite vivante, mais encore de tous vos prédécesseurs, le confrère après leur mort d'une suite incomparable de poètes, de savants, de philosophes, de politiques, de prêtres et de grands seigneurs qui ont travaillé à constituer la société française. Aussi, Messieurs, c'est avec un profond sentiment de respect que je viens prendre la place que votre indulgence a bien voulu me donner.

Ma première démarche, dans ce palais, devait être une démarche pieuse. J'ai demandé que l'on m'ouvrit les archives de l'Académie. J'ai manié les huit volumes in-folio qui contiennent les *délibérations* et les *listes de présence*, et qui nous font connaître votre histoire officielle, depuis votre établissement au Louvre jusqu'à votre suppression. Sur des registres en maroquin rouge aux armes de France, j'ai vu avec vénération les traces et parfois les signatures de Corneille et de Colbert, de Racine et de Bossuet, de La Fontaine et de Boileau, jusqu'à Voltaire. Puis, feuilletant vos recueils à la suite, j'ai cherché d'autres noms, depuis Chateaubriand jusqu'à Taine et Renan, envers qui ma dette, plus neuve, me semble encore plus pressante.

Ces grands hommes sont bien autre chose que des gloires littéraires. Tel d'entre eux, isolé, pourrait paraître un génial inventeur de divertissements, mais à les prendre d'ensemble et dans leur continuité, ils constituent la plus grande force politique et sociale. C'est que depuis trois siècles, l'Académie se conforme à la haute raison qui inspira votre fondateur, quand il ne voulut pas que les beaux esprits se bornassent à développer leur puissance propre et qu'il leur proposa de travailler constamment à rétablir le point d'équilibre social.

Cet équilibre, en France, à toutes les époques, risqua d'être ébranlé par l'afflux des influences extérieures. Chez nous, toutes les idées viennent se confronter et tous les sangs se mêler. Ces interventions, en même temps qu'elles peuvent nous augmenter, tendent à nous désunir et nous dénaturer. Le péril ne fut jamais plus évident qu'aujourd'hui, où l'on nous prêche que, pour mieux profiter des apports étrangers, nous devons renoncer à nos cadres et aux principes sur lesquels nous sommes fondés. On nous propose d'être moins Français pour nous faire plus humains, et, pour mieux nous élever à la bienveillance universelle, on veut que nous manquions à notre patrie. Pour ma part, je crois qu'un Français ne peut mieux déployer ses vertus que dans le respect des conditions qui formèrent la France. Et je voudrais que l'on se guidât sur la méthode que vous avez prise pour maintenir le caractère de notre société polie. Grâce à un certain tempérament dont votre Compagnie garde la tradition, les influences les plus lointaines et les plus diverses se fondent dans l'esprit français. Votre culture est ouverte à tous les étrangers ; ils s'y trouvent à l'aise pour produire ce dont ils sont capables, et nous-mêmes nous bénéficions de leur excellence. C'est ce que nous vérifierons en reconnaissant que nous avons servi l'Espagnol José-Maria de Heredia et que lui-même nous a servis.

L'illustre poète de qui je dois prononcer l'éloge était né d'un sang étranger. Il s'est rangé par un choix exprès sous notre discipline spirituelle. Nos grands modèles et notre public l'ont guidé. En étudiant l'auteur des Trophées, nous nous appliquerons, si vous le voulez bien, à reconnaître, une fois de plus, comment la France, héritière de la Grèce et de Rome, excelle à frapper des médailles avec un or étranger.

José-Maria de Heredia est né à Cuba, en 1842, dans le domaine de la Fortuna, sur la baie de Santiago. Il ne s'est naturalisé Français qu'après la cinquantaine, quand votre Compagnie, au lendemain du succès triomphal des Trophées, désira se l'adjoindre. Sa famille sort d'Espagne. C'était un noble aragonais, le fameux ancêtre Pedro de Heredia, qui partit sur les caravelles de Bartolomeo, frère de Christophe Colomb, et qui construisit Carthagène. La brillante Carthagène n'est plus qu'un désert, où la vague malsaine balance trois pauvres barques de pêcheurs, au pied de créneaux en ruines et sous le regard de grands pélicans moroses. Mais du même geste qu'il fondait sa ville, le vieux capitaine, plus sûrement, avait posé les assises du génie épique de votre confrère. Je suis convaincu que c'est en méditant sur son origine héroïque que José-Maria a dégagé sa nature et donné la prépondérance dans ses vers à la fierté guerrière. Rappelez-vous les quatre sonnets qu'il dédie à son ancêtre et à la ville aujourd'hui morte : Composition dans le goût de l'émail somptueux où Claudius Popelin, confondant l'aïeul et le petit-fils, a casqué le poète d'un cimier de conquistador.

Durant les XVIIe et XVIIIe siècles, les Heredia furent colons à Saint-Domingue, où ils possédaient la province de Bani. Ruinés par la grande révolte noire, ils durent passer à Cuba. Aujourd'hui un arbre, – un mapou, m'assure-t-on, – croît sur les décombres de leur palais. Le père du poète, défricha, créa de ses mains les plantations de la Fortuna. Il mourut jeune. Sa femme était une Française, née Gérard d'Ouville et petite-fille d'un président à mortier du parlement de Rouen. Elle savait le latin et lisait les poètes. Cette digne fille de la grande race normande osa soustraire le petit José-Maria aux influences espagnoles. Quand il fut question d'expédier l'enfant à Madrid, dans une école de cadets, elle préféra écouter un certain M. Fauvel, de Senlis, dans l'Oise, qui s'offrait à le conduire au collège de sa petite ville.

José-Maria avait neuf ans, lorsqu'il arriva, en 1851, dans la classe de huitième au collège Saint-Vincent, où des prêtres séculiers lui donnèrent, durant huit années, une excellente formation d'humaniste.

L'automne enveloppe Senlis d'une douceur et d'une tristesse incomparables. Quand les bois commencent de s'effeuiller et que les cloches résonnent à travers la brume d'octobre, les cantons de Chantilly, de Compiègne et d'Ermenonville exhalent une mélancolie tendre et chantante, celle-là même qu'a recueillie Gérard de Nerval dans sa divine *Sylvie*. Les ballades que ce fol délicieux nous a fait aimer sont la voix la plus expressive, le soupir des campagnes du Valois. Ces vieux airs, d'un français si pur, raniment les puissances d'illusion que nous transmirent nos pères. Un trouble inconnu s'empare de nous, un besoin d'amitié tendre et d'amour impérissable, un désir de mourir pour celle qui nous aime, la certitude qu'elle est une fée. Ces charmantes inspirations, mêlées d'église, de guerre et d'amour et qui palpitent demi-mortes sur d'anciens lieux de fêtes, c'est tout l'idéal mélancolique et fier des terriens français. Idéal aujourd'hui voilé, souvenir à demi rêvé de notre religion et de notre chevalerie.

Le jeune Cubain, qui venait faire ses humanités chez les prêtres de Senlis, n'était pas né pour entendre les chants de *Sylvie* sous les bois de Chaâlis ou de Pontarmé. Que pouvaient, sur le fils du conquistador, ces vers rythmés musicalement pour attendrir des cœurs français ? S il s'agit d'aborder aux îles du Valois, ombragées de peupliers et de tilleuls, et qui servirent de modèle à Watteau peignant le *Voyage à Cythère*, rien ne sert d'avoir fondé Carthagène des Indes, rien ne dispense d'une longue préparation de la sensibilité. Ce jeune Heredia n'a pas, de père en fils, entendu les cloches françaises, admiré les oiseaux peints de nos chapes d'église, et subi la divine douceur des cierges vacillants au plein jour de nos enterrements. Il lui faut les couleurs bien tenues et les chants accusés de Cuba.

Un jour de sortie, comme le collégien se promenait dans Senlis avec M. Fauvel, ils croisèrent un homme, vêtu d'un manteau rouge, qui tenait sous son bras une volaille. Ce bizarre personnage leur dit en s'éloignant à grands pas : « Je vais sacrifier un coq à Esculape. » C'était Gérard de Nerval.

Gérard, en ce temps-là, parcourait les bords de l'Oise, pour composer *Angélique* et *Sylvie*, purs chefs-d'œuvre dont la perfection est peut-être la plus opposée à la perfection des *Trophées*. Et cet enchanteur avait reconnu, d'un coup d'œil, que ce collégien au type exotique méritait d'entendre parler des dieux, mais de ceux-là qui sont communs à tous les humanistes, plutôt que des divinités particulières à nos pays de l'Île-de-France.

Quand Heredia fut bachelier, il rejoignit son île natale. On regrette qu'un extrême souci de l'art impersonnel l'ait empêché de nous peindre le plaisir d'avoir vingt ans aux Antilles. Nous venons d'être dédommagés. Charmant prodige, une fille a recueilli ces souvenirs et ces images délaissées par son père ; elle les a mêlés à ses propres rêves. Pour connaître l'émoi d'un créole qui, venant de Paris, retrouve l'air, les fruits, les foules bruissantes, la chaleur heureuse, les robes claires des femmes, toute la complaisance de ces climats de son enfance, il n'est que de lire un petit roman où Gérard d'Ouville, sous couleur de nous conter une aventure d'amour à la Nouvelle-Orléans, nous livre, m'a-t-on dit, les mémoires du jeune Heredia... Mais le poète comptait parmi ses aïeules espagnoles une demoiselle de Miessens, d'une famille qui portait cette devise :

Maurice Barrès

« Moisson d'amour et moisson d'honneur. » Tous les soupirs des îles ne purent le retenir. Il vint avec sa mère se fixer à Paris, où il fréquenta l'École de Droit et l'École des Chartes, et commença de se lier avec des artistes.

Ses premiers vers furent imprimés en 1861 ; on y distingue l'influence de Lamartine, de Victor Hugo, et surtout de Musset ; mais en 1863, un sonnet qu'il dédie à Leconte de Lisle nous le montre qui pénètre dans sa voie royale. *Artémis et la Chasse*, publiées dans le premier Parnasse de 1866, le révélèrent. C'est aux *Bucoliques* d'André Chénier (dont il admirait le Combat des Centaures plus qu'aucun poème du monde), qu'il doit l'idée de cette brève composition que Chénier appelle un quadro, et jusqu'à sa mort, il a fait ses quadri, en glorifiant le divin André. Hier encore, la *Revue des Deux Mondes* publiait quatre sonnets inédits ; vous connaissez la savante édition qu'il nous a léguée de ses chères*Bucoliques* : toute sa vie, il aura construit sa gloire selon le plan de sa jeunesse.

Trois d'entre vous, Messieurs, peuvent dire quelle séduction exerçait le jeune Espagnol sur les poètes du Parnasse. François Coppée, en recevant son ami, a rappelé leurs souvenirs de jeunesse avant la gloire. Il vous a conté le plaisir extrême que ces néo-romantiques éprouvaient à prononcer un nom exotique et sonore qui aurait fait si bonne figure dans les tirades blasonnées de*Ruy Blas* et d'*Hernani*. Tous d'une origine moins pittoresque, ils se réjouissaient qu'un des leurs comptât parmi ses ancêtres des conquérants du Nouveau Monde et des Grands Inquisiteurs.

J'écoute mes illustres aînés, s'ils évoquent le débutant ; je ne puis vous parler que du maître.

C'est chez Leconte de Lisle, il y a vingt-quatre ans que j'ai vu Heredia pour la première fois. L'appartement où le Sénat logeait son glorieux sous-bibliothécaire, un honnête premier étage de l'École des Mines, sur le boulevard Saint-Michel, nous semblait un sommet redoutable, un des lieux sacrés de Paris. J'aime d'aller encore dans ce lointain quartier, pour ranimer les sentiments avec lesquels, à vingt ans, je pénétrais, le samedi soir, dans ce salon présidé par un moulage du Moïse de Michel-Ange.

Le lieu exerçait en nous le sentiment de la hiérarchie. J'ai vu les jeunes poètes s'incliner devant Heredia, qui s'inclinait devant

Leconte de Lisle, qui s'inclinait devant Hugo, lequel ne rendait d'hommages qu'à la démocratie. Tous ces messieurs vivaient selon le principe du xviie siècle : qu'il n'est jamais permis à un inférieur de s'égaler en paroles à celui à qui il doit du respect, quoiqu'il s'y égale dans l'action.

Leconte de Lisle, debout dans le cercle étroit de ses hôtes, et laissant parfois tomber avec un dédain incommensurable son large monocle, nous donnait son exemple et quelques préceptes.

C'est malheureux qu'on n'ait pas noté les propos de Leconte de Lisle. Il ne disait rien qui ne fût excellemment rédigé. Quel amour et quelle science des lettres ! Quelle justice féroce ! Mais il y faudrait l'accent ; il y faudrait ses yeux illuminant son noble visage rasé de pontife.

Ce grand poète ne croyait pas que l'art eût pour objet la reproduction de la nature ; il nous prêchait qu'il faut transformer en matière poétique les éléments que nous fournit la vie. Une autre de ses maximes, c'était qu'il n'y a pas à distinguer entre le fond et la forme, et que l'art d'écrire, c'est l'art même de penser. Enfin il disait : « À chaque mot d'un poème je me demande : Que veux-je prouver ? et je rejette ce qui ne contribue pas à mon effet d'ensemble. »

Je crois qu'il exagérait le rôle de la volonté dans l'art. Il s'est trop méfié du beau trésor qu'un artiste porte dans son cœur. Mais on lui doit cette justice qu'il a réagi contre la bassesse du goût et le désordre de la pensée. Il a discrédité l'improvisateur. À sa voix, la passion se souvint qu'un peu de retenue la ferait plus émouvante. Nul de ses familiers ne me démentira, si je lui vois quelques traits d'un Malherbe et d'un Boileau.

Pour comprendre la raison qui soumettait à Leconte de Lisle des maîtres comme Heredia, il faut se représenter son salon, tel que je l'ai vu, vers 1883, en face des cénacles rivaux. C'était l'époque où Zola qui possédait plusieurs vertus professionnelles, mais qu'une irrémédiable vulgarité condamnait aux rangs subalternes, faisait rage pour transformer en gloire de lettres des succès de librairie. C'était l'époque où le fort prosateur Vallès, irrité contre la culture de collège qu'il rendait responsable de ses déceptions, car il eut été naturellement heureux dans la culture des champs en Auvergne, prêchait d'incendier nos Musées et nos bibliothèques. C'était encore l'époque où Verlaine, véritable poète et parfois grand poète, mêlait à d'émouvants soupirs les hoquets les plus affreux, et risquait de nous faire oublier l'importance pour l'artiste d'un perpétuel perfectionnement de l'âme.

Leconte de Lisle croyait à l'éminente dignité du poète. À l'écart de toutes les intrigues, il décrivait son rêve de la vie, qui fut constamment énergique, sérieux et chaste. Il n'a rien cédé aux demi-lettrés, aux esprits secondaires ; il n'a même pas flatté la jeunesse des écoles. Il ne confondait pas la notoriété avec la gloire. C'était une sorte de prêtre, qui dénonçait le siècle au nom du Beau éternel.

Comme il trouvait dans les régions du passé le contentement de ses besoins moraux, et qu'il puisait toute son inspiration dans la poésie antique, il ne prit jamais son parti de ne pas vivre au temps d'Homère. Mécontent de sa vie trop rude, il met en accusation les temps modernes, toute la chrétienté, et ne se demande jamais si le christianisme, quelque opinion que l'on ait de sa vérité historique, ne serait pas la source où nous alimentons notre sens de l'honneur et du sacrifice. Ce n'est pas sans grandeur qu'il reprend ainsi le contact, par-dessus les romantiques, avec les écoles d'art qui, au début du XIXe siècle, s'inspirèrent du goût gréco-latin et de la philosophie des Encyclopédistes, mais on distingue dans son paganisme quelque chose qui sent le paradoxe d'atelier. Il y a dans ce noble poète certains éclats, des truculences pour étonner le philistin. Heredia excellait à remettre les choses au point. Parfois, après des tirades d'un pittoresque féroce contre la littérature facile ou contre la religion, et quand nous étions ébahis, l'auteur des *Poèmes Tragiques* rencontrait le regard joyeux de l'auteur des *Trophées*, et, s'interrompant de prophétiser, il riait comme un boulevardier.

L'amitié de Leconte de Lisle et de Heredia mettait dans ce salon une note de vérité plus humaine. Ils s'estimaient professionnellement ; c'est la première condition des amitiés d'hommes, et puis ils se connaissaient de toujours. Ils ne se lassaient point de parler avec une gaîté enfantine de leurs îles natales et des nègres. Enfin la jeune famille de Heredia, rayonnante de grâce, donnait au vieux poète un rôle de grand-père.

Cette amitié que Leconte de Lisle réservait à Heredia, celui-ci la prodiguait avec une sorte de volupté. Sa personne respirait l'enchantement de ces îles indolentes où les créoles naissent avec des façons gracieuses et infiniment de douceur dans l'esprit. Cette facilité ne l'a pas desservi. Mieux qu'un homme habile, il obtenait tout ce qu'il voulait par sa courtoisie chaude et sonore. Si l'on admettait que les petits moyens servent les grandes carrières, il faudrait noter, comme une des raisons de sa gloire, son extrême complaisance pour les jeunes écrivains.

Lors de ses débuts, il avait été présenté à Baudelaire qui se contenta de lui dire : « Je n'aime pas les jeunes gens. » Heredia vivait dans leur société. Il ne se lassait pas de déchiffrer leurs essais et même de leur proposer les corrections les plus heureuses et les plus justes. Cette science lui venait beaucoup de sa bonté. « Je m'attache toujours, disait-il, à distinguer ce qu'ils ont voulu faire, et, si peu que leur effort approche le but, je leur en tiens compte. » Chaque dimanche il leur ouvrait sa porte. Les réunions des dernières années eurent un cadre parfait, ce vieux bâtiment de l'Arsenal où Nodier groupa les premiers romantiques et qui montre, dans ses hautes salles aux boiseries blanches, la plus complète série qui existe des poètes de la Renaissance, reliés en maroquin pourpre, aux armes d'archevêques ou de maîtresses royales.

Tous ceux qui survenaient, il les accueillait d'un geste large et d'une voix retentissante, avec une magnificence mêlée de bonhomie. Et d'abord, à l'arrivant, il tendait la boîte des cigares. Pour un rimeur de qualité, il tirait de sa poche et lui offrait son propre étui. Il ne savait pas toujours les noms de ses hôtes, mais c'étaient des poètes, gens qui ont le privilège de tutoyer les rois.

On raisonnait sur les vers, sur tous les vers parus depuis l'aube des jours. Ravivant sous la paume de sa main l'éclat d'une belle reliure, trouvée la veille sur les quais, Heredia faisait la critique des poèmes éclos dans la semaine. C'était un peu la bourse des valeurs poétiques. On fixait les cours, que les petites revues se chargent de publier jusque dans les provinces. Quel spectacle admirable, Messieurs, quand ces grands amateurs saisissaient un morceau de poésie, le tournaient, le retournaient, le pesaient, le faisaient sonner ! Quels élans d'enthousiasme et parfois quelles risées de mépris ! Je me rappelle qu'un jour, à chaque nouveau venu, on lisait une pièce insigne de laideur, et chacun de rire ; mais vers le soir il en vint un qui déclara : « Elle est de moi... » À cet aveu, Heredia ne se tut que le temps de tirer une bouffée sur son cigare, et, comme une locomotive qui renverse sa vapeur : « Ah ! ça, dit-il, c'est d'un poète. »

Le bon maître ! j'admire sa vitalité, son optimisme, ses dons héroïques. Oui, c'est un travail héroïque de faire vivre ensemble, chaque semaine, pendant des heures, de jeunes rivaux contractés, ombrageux et tous avides d'être le premier. Heredia trouvait des expédients sublimes. On raconte qu'un jour, chez lui, deux jeunes gens, à propos du vers libre, vinrent à se quereller trop fort. Il saisit un livre, le premier qu'il trouva, une *Légende des siècles*, et couvrant tout de sa voix sonore, il lut *Ruth* et *Booz* ; puis au trentième vers : « Eh bien ! c'est fini, n'est-ce pas ? »

Heredia mettait dans toute société une joyeuse émotion physique. Il était né sous le signe de la planète Jupiter. Son agrément personnel, ses dons périssables ne nous ont-ils pas masqué l'essentiel de son génie, ce qui ne meurt pas ? Rappelez-vous sa divine allégresse quand il nous disait ses vers : il allongeait leur magnificence et redoublait leur sonorité, au point que, tout animés de plaisir, nous négligions d'approfondir ce qui constitue leur beauté véritable. Trop ému, l'esprit juge mal d'une œuvre d'art. « Les sens seuls, écrivait le grand peintre Poussin, ne doivent pas juger mes tableaux, il faut appeler la raison. » Ce n'est pas assez de se réjouir sous l'action des vers flamboyants de Heredia ; ce n'est pas assez de connaître qu'avec les classiques il cherche la perfection dans ce qui est un et achevé en soi : il faut se rendre compte que sa manière de construire est une manière de sentir et que le petit poème serré, à forme fixe, est l'expression nécessaire de sa pensée poétique.

Heredia, dans chaque sonnet des *Trophées*, a concentré, écrasé, la matière de soixante volumes bien choisis. Il méditait longuement un sujet, il trouvait une image, un trait, un vers, puis un autre, qu'il notait. À haute voix, en se promenant, il ne se lassait pas de les dire, pour en éprouver le son. Lentement, le tableau apparaissait. Ce n'est qu'au bout de dix ans qu'il a trouvé le deuxième tercet du Vitrail. Et quand il avait eu toutes ses bonnes fortunes, venait l'heure des remaniements infinis, retouches de rythmes, scrupules de justesse, recherches d'harmonies. « L'homme, disait-il, s'il n'est pas éternel, peut du moins être patient. L'amour et la patience unis sont bien forts. »

Discours de réception à l'Académie Française

Chacun de ces petits poèmes, qu'il a construits et colorés avec tant de soin, semble une pierre milliaire dressée à chaque étape de l'humanité. Leur suite triomphale nous dessine la route de notre civilisation. C'est une épopée, mais écrite pour des hommes qui ont renoncé à l'espoir de se faire les contemporains de tous les peuples. Nous avons éprouvé qu'il nous est impossible d'élargir nos sympathies jusqu'à revivre les sentiments des siècles morts ; nous connaissons nos limites, et toujours curieux de remonter la suite des âges, nous n'espérons plus que d'y reconnaître les conditions éternelles de la vie.

Le génie de ce mâle Heredia s'attache aux fortes passions qui, dérivant de la nature même, se retrouvent dans tous les siècles. Il laisse tout glisser, sans l'essentiel ; il ne retient que les faits constants. Il écoute, depuis le fond des âges, le chant de nos aïeux, incessamment meurtris par les mêmes nécessités. Ayant vu les Argonautes et les Conquistadors, il reconnaît Jason dans Cortez, et sous couleur de peindre ces conquérants de l'or, il exprime l'ardeur aventurière et le goût du risque, vieux comme l'humanité. Lors même qu'il s'aventure dans l'époque moderne, il maintient le contact avec les formes primitives. En Bretagne, au bord de la mer, il reconnaît un centaure dans un paysan qui baigne son cheval. Ce qui l'émeut, c'est l'homme immobile auprès de l'immuable chose. Déjanire sourit toujours entre les bras du plus fort, et rien ne lasse le Satyre de guetter le troupeau des Nymphes. Aujourd'hui comme hier, si l'anarchie menace, c'est Hercule, le grand belluaire, que l'on attend sur l'horizon, pour défendre l'ordre contre l'assaut des demi-bêtes émergentes.

Une telle sensibilité n'a rien à voir avec cette vaine pitié où trop d'esprits veulent chercher la poésie. Heredia trouve, comme le héros, son grand plaisir moral dans un fait de guerre et dans l'ordre. En exposant à la pleine lumière les fermentations du désir et de la mort, il assainit les passions insensées. Chez la femme, il aime la douceur et la soumission. Ses thèmes sont l'épée, le lit, le foyer, le temple, et puis les dieux, les héros, les parents et les morts. Ces hautes figures, il les regarde avec tranquillité. Il est leur éternel compagnon. Il est celui, poète ou prêtre, qui donne un sens divin aux nécessités immuables. Il les assemble en trophées, au pied desquels il est permis d'éprouver un sentiment religieux.

Maurice Barrès

Certains de ses poèmes antiques et familiers, – tels la *Jeune morte*, le *Naufragé*, l'*Esclave* et les *Priapes*, que sur le tard il s'était mis à préférer – avec leurs quatorze vers si pleins, si graves, si solennels, donnent une voix à l'homme que tourmente l'instinct d'admirer, de remercier, de songer avec tristesse et, pourquoi chercher d'autres mots, le besoin de prier. Ils nous ramènent dans les chemins traditionnels et nous y montrent notre véritable grandeur, qui est d'accepter les lois de la vie. Béni soit le poète, quand il lance, à travers le masque d'airain, des accents qui fondent nos cœurs sans nous efféminer.

Certes l'on sait d'autres musiques. Il est des vers qui sont des flammes ; on y consumerait sa vie. Leur cadence tourmente ; ils nous obligent de connaître les battements de notre cœur accéléré. Sur l'appel de leurs musiques insistantes, des pensées voilées et folles émergent de notre âme profonde. Ô musique trop parfumée ! Vous nous faites amoureux de ce qui ne peut pas exister. Pour ma part, si j'étais poète, dans la multitude des songes qui m'assaillent, je ne retiendrais que les formes sûres et pures qui sont propres à donner du calme.

Les poèmes de Heredia nous mettent face à face avec une âme simple et virile. Ils nous disposent à placer notre plaisir dans les sensations salubres et les actions raisonnables. Ce n'est pas qu'ils moralisent, mais en sortant de les méditer ou de les ressentir, nous sommes épurés de romanesque délétère et portés à vivre notre vie comme le veut la raison. Je reconnais dans leurs rythmes cet accent dorien que les Grecs réservaient pour l'éducation des jeunes gens et dont ils attendaient des héros.

Les Grecs savaient qu'il y a deux musiques, qui exercent sur l'âme des influences ennemies. La première nous porte à la pitié, à la terreur, à tous les transports. Autant de désordres, dont la seconde nous purifie, en nous disposant à juger calmement les choses : ce qui pour un Grec constitue la vertu. Il est éternel, le débat de ces deux arts. Bossuet le dénonce, quand il oppose les hymnes de Sion aux cantiques de Babylone. Et Racine, dans sa divine *Athalie*, veut remédier aux soupirs démoniaques de *Phèdre*. Aujourd'hui, Messieurs, une nombreuse jeunesse prend conscience de ce qu'il y a de malsain et qui détend les ressorts de notre volonté dans certains accents qui semblaient irrésistibles. Elle tient les œuvres romantiques, celles surtout que l'Europe nous renvoie, pour un dangereux ferment propre à soulever des instincts que le problème est toujours de discipliner. L'histoire des lettres notera que l'auteur des *Trophées* ranime une conception d'art qu'avaient voulu détruire les maîtres romantiques, dont il est lui-même héritier.

Messieurs, cet homme illustre, j'ai cru devoir vous le montrer tel que sa modestie ou plutôt son assurance légitime le persuadèrent d'aborder la postérité : un seul livre à la main. J'aurais pu vanter justement sa traduction de la *Véridique histoire de Bernal Diaz*, d'une langue savamment choisie pour nous donner l'illusion du vieux dialecte castillan et cette préface sur l'Espagne où l'on trouve des pages qui troublent les jeunes gens : « Les danseuses d'Andalousie n'avaient point dégénéré depuis le temps de Martial… » Je n'oublie pas quelle rumeur d'admiration courut Paris le jour que notre confrère reçu parmi vous déclama, chanta la louange du sublime Lamartine. Enfin je réclame avec tous les lettrés qu'on recueille son discours sur Maupassant, un autre sur Du Bellay, et cette douzaine d'articles, qu'il se laissa difficilement arracher. Mais sur ces proses parfaites, le mort nous défend de divertir nos regards. Si beaux que soient les arrière-plans, la lumière doit se rassembler toute sur le monument des *Trophées*.

Heredia ambitionnait que ses petits poèmes fussent joints aux sonnets de Ronsard et de Du Bellay, aux fables de La Fontaine, aux élégies de Chénier sur le fil de perles que, de père en fils, nous nous transmettons. Je crois avec vous, Messieurs, que son rêve sera couronné.

Se peut-il qu'un jour un doute ait traversé l'esprit de ce maître ? Dans sa lettre liminaire à Leconte de Lisle, il parle des *Trophées* comme d'un livre incomplet, il demande si l'on y verra quelque chose de « *la noble ordonnance qu'il avait rêvée…* » Craignait-il d'avoir donné une place trop réduite aux grandes époques catholiques ? C'est vrai que son univers se circonscrit à l'horizon qu'embrasse le regard d'un humaniste, il s'est presque enfermé dans les civilisations classiques, la grecque et la romaine, et dans la Renaissance. Et quelques-uns éprouvent du malaise de ne pas sentir dans son œuvre les attaches locales, les racines françaises de la poésie. Mais qu'il se rassure : son instinct l'a très heureusement averti. Il n'était pas né pour être un Mistral qui laboure et fait fleurir une terre française. Cet étranger,

Maurice Barrès

pour son bien et pour le nôtre, a rempli son meilleur emploi. Entre ses deux parrains, Ronsard et Chénier, il est venu nous offrir les Espagnes qu'il portait en lui. Nous le payons de gloire et d'amitié.

En 1900, le poète alla présider à Rouen l'inauguration du buste de Maupassant. Albert Sorel l'accompagnait. Sorel, ce beau Normand, si sage, plein de cœur, fier de sa petite patrie et de la grande, qu'il a l'une et l'autre pieusement servies. Sorel nous a conté plusieurs fois leur voyage émouvant. Durant le trajet, Heredia parla de son arrière-grand-père maternel le président d'Ouville : « Eh bien, disait Sorel, mon arrière-grand-père maternel à moi a dû plaider devant le vôtre au parlement de Normandie. » La circonstance les émut, car ils n'étaient plus jeunes. Ils causèrent fraternellement des choses d'autrefois. Et le poète, très sobre à l'ordinaire de détails privés, raconta qu'il avait consacré ses liens normands en élevant une tombe à sa mère sur cette colline de Bon-Secours où ils allaient honorer Maupassant. « Je compris, a raconté Sorel, que ce jour-là, de ces hauteurs où flotte éternellement un voile de brume, Heredia voudrait contempler les ombres du passé et chercher la lumière d'au delà. » Qu'ils sont sympathiques, ces deux grands pèlerins chez qui les honneurs officiels n'étouffent pas des cœurs de poètes et qui, près de s'effacer eux-mêmes, s'entretiennent à voix basse de leurs morts. Ils arrivent et font tout le convenable. Heredia dit avec magnificence l'éloge de Maupassant et de la terre normande. Puis, la cérémonie achevée et le public disparu, les deux académiciens quittent le romancier, leur frère de race et de gloire ; ils s'éloignent de celui auquel ils ont rendu l'hommage qu'eux-mêmes ne doivent plus attendre longtemps. Ils gravissent ensemble les allées du petit cimetière qui rampe et s'accroche au versant de la pieuse colline. Heredia va s'incliner sur la tombe de sa mère. Il se recueille dans des pensées de vénération, qu'il est permis de supposer : « L'âme que j'ai reçue des miens et que j'ai transmise à mes filles, ai-je su dans mon poème la manifester noble, fière et digne de ma race espagnole ? Trouvera-t-elle, après ma mort, une sûre hospitalité dans les mémoires françaises ? Si j'ai cette double confiance, c'est d'un cœur tranquille que j'irai m'étendre auprès de ma mère dans la sainte terre normande. »

Ainsi médita, je le crois, votre confrère, par une froide matinée de printemps, sur cette colline de Bon-Secours, « où les morts aimés sont plus proches du ciel ». Et maintenant il dort auprès de celle qui l'avait préparé pour nous aimer et nous servir. Le fils des Conquistadors repose sous le ciel où le vent dispersa les cendres de Jeanne d'Arc. Sa tombe accroît encore la spiritualité de ce Rouen, où l'auteur du Cid enseigna l'art des vers à Jacqueline Pascal. Le sang et l'imagination des nobles Heredia sont décidément incorporés à la France. José-Maria nous laisse un chef-d'œuvre immortel et toute une famille d'artistes, où, sous les traits d'une jeune vivante, chacun croit voir la poésie.

Maurice Barrès

La Terre et les morts

(*Sur quelles réalités fonder la conscience française*)
1899

Messieurs.

D'après l'article 3 de vos Statuts, la « Patrie Française » a pour objet :

De maintenir et de fortifier l'amour de la Patrie et le respect de l'armée nationale ;
D'éclairer l'opinion sur les grands intérêts du pays ;
De surveiller et de combattre les ingérences et les propagandes de l'étranger,

Que valons-nous pour tenter cette tâche ?

Vous n'oublierez pas, Messieurs, votre principe qui doit marquer toute votre destinée : nous sommes des gens de toutes classes, convoqués par une élite d'historiens, de savants, d'artistes et de grands lettrés, dans un sentiment d'utilité générale, pour aviser aux nécessités de la Patrie.

Nous n'avons pas un programme commun, mais toute une bonne volonté ardente. Nous ne portons pas une marque officielle ; mais dans un moment où toutes les autorités fléchissent, nous faisons voir parmi nous les hommes de France les plus capables d'exprimer d'une façon claire et émouvante, avec des cœurs désintéressés, les sentiments nationaux.

D'ici peu, dans chaque rue des grandes villes, dans le plus modeste village, nous aurons un correspondant prédisposé à bien accueillir notre pensée.

Enfin, nous savons que nul de vous ne laissera l'œuvre languir faute de ressources.

La Ligue est un magnifique instrument. Comment pourrons-nous en user pour fortifier la France ?

Il y a des précédents.

En 1806, dans les dures années qui suivirent Iéna et la paix de Tilsitt, la Prusse étant terrassée, ce qu'elle avait de forces s'unit et se posa la question de vie ou de mort : « Par quels moyens pourrions-nous relever l'État ? » Ces moyens, un homme, Stein, les fournit, en s'inspirant de la réalité, c'est-à-dire desprécédents historiques prussiens et des circonstances. Mais il n'aurait rien pu faire sans les poètes, sans les littérateurs, sans les critiques, sans les philosophes, sans les éducateurs, qui, sans avoir de visées politiques, exercent une action directe sur l'esprit public. Il fallait d'abord que ces gens-là substituassent dans le cerveau allemand l'idée de Patrie à l'idée d'humanité, et d'une façon plus générale, sans entrer dans les détails, disons qu'ils créèrent un état d'âme social où les nouvelles institutions nécessaires au salut public purent prendre racine.

Eh bien ! Messieurs, dans notre Ligue, ce n'est pas la besogne administrative et gouvernementale d'un Stein que nous pouvons entreprendre, mais il nous appartient de créer l'état d'esprit national sans lequel le meilleur homme d'État demeurera impuissant.

Les conditions où se trouvait la Prusse et celles qui nous commandent aujourd'hui diffèrent absolument, cependant comme la Prusse alors, c'est par la compréhension des causes de notre affaiblissement, que nous devons commencer notre cure.

Vous le savez bien, que cette affaire Dreyfus est le signal tragique d'un état général ! Si une écorchure apparaît et si elle ne se guérit pas, le médecin suppose le diabète. Sous l'accident, il cherche l'état profond. Après cette affaire, si l'on agit point sur le corps du pays, nous verrons d'autres abcès de la même qualité, comme auparavant nous avons subi les scandales Wilson et les scandales de Panama.

Que seraient de telles affaires dans un pays sain ? Des incidents un peu exceptionnels qui recevraient rapidement leur solution normale (très probablement une vigoureuse opération chirurgicale).

Hélas ! la France ignore son état, ses besoins généraux et son but. Ainsi tout est divisé et tiraillé entre des volontés particulières et des imaginations individuelles. Voilà le mal. Nous sommes émiettés. Nous n'avons pas une connaissance commune de notre but, de

Maurice Barrès

nos ressources, de notre centre.

Heureuses ces nations où tous les mouvements sont liés, où les efforts des honnêtes gens s'accordent comme si un plan avait été combiné par un cerveau supérieur, où les choses essentielles ne sont pas remises à chaque instant en discussion, où les hommes de valeur, après qu'ils se sont agités de leur mieux dans la collectivité, n'ont pas cette tristese de sentir qu'ils l'ont ébranlée ou qu'ils ont travaillé dans le vide, mais constatent, avant de mourir, qu'ils ont eu une action directe sur la marche de leur pays et que quelque chose d'eux-mêmes se prolongera dans la conscience nationale !

I

Il y a bien des manières, Messieurs, pour un groupement d'hommes, de se faire cette unité morale.

La Prusse, en 1806, se trouvait en d'excellentes conditions pour éviter cette perte de forces qui est la conséquence nécessaire d'une absence de direction et de la méconnaissance du but à atteindre. Le loyalisme groupait la nation autour de la reine Louise. Ce qu'approuvait ou haïssait cette belle personne romanesque devenait cher ou odieux à des milliers de braves gens, qui, par là, étaient dispensés d'avoir en propre l'intelligence politique de leurs actes. Le soldat voyait nettement au profit de qui il pouvait se sacrifier ; le simple avait un objet tangible de ses vœux.

Des institutions traditionnelles peuvent, aussi bien qu'une dynastie, fournir un centre et inspirer ces sentiments de vénération nécessaires pour que l'individu accepte de se dévouer. — Mais notre France, il y a un siècle, a brusquement maudit et anéanti sa dynastie et ses institutions.

Certaines races arrivent à prendre conscience d'elles-mêmes organiquement. C'est le cas des collectivités anglo-saxonnes et teutoniques qui, de plus, sont en voie de se créer comme races. — Hélas ! il n'y a point de race française, mais un peuple français, une nation française, c'est à-dire une collectivité de formation politique ; et malheureusement, au regard des collectivités rivales et nécessairement ennemies dans la lutte pour la vie, la nôtre n'est point arrivée à se définir à elle-même.

La Terre et les morts

Nous l'avouons implicitement par ce fait que, suivant les besoins du moment, pour nos publicistes, nos écrivains, nos artistes, nous sommes tantôt Latins, tantôt Gaulois, tantôt « le soldat de l'Église », puis la grande nation, « l'émancipatrice des peuples ».

Ces mots contradictoires, voilà autant de drapeaux sous lesquels des hommes avides d'influence assemblent leur clientèle, ajoutant ainsi à la lutte des principes la compétition des intérêts. Ces groupes constituent proprement des nations dans la nation, car chacun d'eux conçoit à sa manière la loi interne du développement de ce pays.[1]

Un incident surgit-il, au lieu d'être examiné en soi et résolu dans l'intérêt général, il est interprété par chaque parti et d'après la définition spéciale qu'on y donne de la France.

On regarde dans ces petites chapelles la pensée comme le monde réel et véritable ; on passe seulement ensuite au monde sensible. Il semble, qu'à leurs yeux, la France ait cessé d'être de la terre et des hommes pour devenir un théorème, un objet de dialectique destiné à exercer la perspicacité de l'esprit ou le sens de la discussion. Des intérêts, qu'il faudrait examiner comme des cas particuliers et dans les conditions où ils se présentent, sont jugés d'après des axiomes généraux déduits par des idéologues d'une définition que d'autres idéologues leur contestent ; et l'on s'explique alors la pleine importance de cette affaire Dreyfus : une apparence dressée par des conspirateurs et autour de laquelle des métaphysiciens viennent faire leur orgie.

Ces métaphysiciens, ne nous étonnons pas de leur influence sur les imaginations françaises. Dans cette France sur qui fut accomplie, d'après Renan, à la fin du dix-huitième siècle, l'opération la plus hardie qui ait été pratiquée dans l'histoire, — opération que

---

1 Peut-être faudrait-t-il souhaiter que l'un quelconque de ces partis se fut imposé à la France, En écrasant tous les autres, il eut d'une certaine façon brutale refait l'unité morale. Mais tous ils se sont balancés : nul d'entre eux n'avait la persistance des génies créateurs, et la mode est passée de ces violentes persécutions qui nettoient la place si le plus fort a de l'esprit de suite. Exaspérées par leur faiblesse même, réduites à une existence de cénacle, certaines de ces sectes poussent la fatuité d'esprit jusqu'à l'extravagance. Si elles avaient la charge d'intérêts réels, nécessairement elles s'assagiraient.

Maurice Barrès

l'on peut comparer à ce que serait, en physiologie, la tentative de faire vivre en son identité un corps à qui l'on aurait enlevé le cerveau et le cœur, — il est bien explicable que les métaphysiciens d'abord aient été écoutés avec faveur, puisqu'en nous proposant un idéal ils s'engageaient à nous rendre une unité morale.

Mais loin de nous délivrer de nos incertitudes, ils ne firent que les multiplier. Toutes leurs affirmations contradictoires nous amenaient à douter davantage de nos devoirs et de notre méthode de relèvement. Et si l'un d'eux, par son éloquence, par la générosité de ses vues, nous disciplinait un jour, immédiatement il nous donnait pour besogne, d'affaiblir ses contradicteurs, de marquer ce qui sépare les Français plutôt que ce qui les rapproche et par là de troubler encore la nation.

Dans un seul temps, ils se réunirent, ces-métaphysiciens ; c'était pour décorer l'estrade des anarchistes, et là, ces hâbleurs se turent quand leurs enfants terribles, les anarchistes de la salle, huaient la pairie et l'armée.

Ce spectacle ne peut être toléré. Seuls, un cœur paresseux et un esprit décidément corrompu par l'anarchie peuvent s'y attarder. Immédiatement en face de l'estrade anarchiste devait surgir cette estrade-ci, toute cette salle, enfin, la « Patrie Française ».

* * *

Ainsi vous êtes des faiseurs d'unité ; votre préoccupation n'est pas douteuse ; mais par quels moyens comptez-vous unir la nation et dégager cette conscience qui manque au pays ?

Problème de méthode, très important et qu'il importe d'aborder en face avec la connaissance que nous venons d'esquisser de notre origine et de l'état des choses.

Je n'énumèrerai pas, Messieurs, les actes que notre nature même interdit à notre Ligue ; mais je m'assure que je suis votre interprète, si je marque fortement que votre devoir, c'est de créer un état d'esprit.

Nous ne sommes pas groupés et nous ne sommes pas armés pour désigner les chefs de l'État ; mais nous pouvons disposer l'opinion à préférer les hommes d'une certaine sorte, et, du même coup, par un effet bien remarquable, nous inclinerons les professionnels de la politique à se conformer au modèle que nous proposerons.

Nous ne comptons pas dicter des mesures au gouvernement, mais vous vous souvenez que pour faire voter la loi de dessaisissement, on a pris sur nous un point d'appui solide.

Dans cette mesure et à titre consultatif, nous collaborerons avec le pouvoir légal, car une ligue d'hommes désintéressés peut redresser les conseils d'un Parlement soumis à des influences pressantes. Toutefois de telles occasions sont exceptionnelles ; c'est en vous élevant au-dessus des choses d'une heure que vous durerez, Messieurs.

Au milieu des passions, vous voudrez instituer la raison ; vous dégagerez et vous épurerez dans les âmes, pour qu'elle y soit plus forte encore, la sagesse française héritée de nos ancêtres et vainement attaquée par les éléments étrangers. Vous tâcherez d'être dans la nation le cerveau qui relie des forces dissociées.

Il ne m'appartient pas, Messieurs, de devancer les étapes de nos travaux. J'entrevois la méthode ; je n'ai pas l'autorité de proposer la doctrine. Permettez-moi pourtant de vous soumettre quelques observations recueillies on quelque sorte sur vous-mêmes, quand je vous voyais réagir individuellement contre l'anarchie dont souffre l'esprit français.

D'abord, à la « Patrie Française », vous êtes las des systèmes philosophiques et des partis politiques qu'ils engendrent, vous répugnez à fonder plus longtemps le patriotisme sur des images vides, bonnes pour exercer les facultés oratoires et la logique déductive. Vous voulez rattacher vos efforts à une réalité.

Vous êtes des hommes de bonne volonté, et, quelles que soient les opinions que vous ont faites votre famille, votre éducation, votre milieu et tant de petites circonstances privées, vous êtes décidés à prendre votre point de départ sur ce qui est et non pas sur votre idéal de tête.

Tel d'entre nous peut bien trouver que la Révolution nous a déviés de nos voies les plus aisées et les plus heureuses, tel autre peut regretter que le Premier Consul ait, par le Concordat, replacé la

France sous l'influence de Rome ; un troisième s'assure que les destinées de notre pays sont étroitement liées à celles du catholicisme. (Nous avons, en général, l'érudition mélancolique.) Mais ne sentez-vous pas quelque puérilité à vous enfoncer, fût-ce avec d'éminents philosophes, dans les voies hypothétiques où la France aurait dû passer ? Vous trouverez un profit plus certain à refaire le chemin qu'elle a réellement parcouru ; il ne fut pas toujours parfait : il nous égarera moins que ne font les métaphysiciens. Du moins, notre erreur sera l'erreur de la France, et nous nous dépraverons moins en suivant ses errements qu'on nous livrant à leurs divagations.

Soumettons, Messieurs, notre jugement propre aux conditions de la réalité sur laquelle nous voulons agir. L'assertion qu'une chose est bonne et vraie a toujours besoin d'être précisée par une réponse à cette question : par rapport à quoi cette chose est-elle bonne ou vraie ? Autrement, c'est comme si l'on n'avait rien dit. Entre toutes ces théories militantes, entre toutes ces évolutions brusquement contradictoires de notre pays depuis un siècle, quelle angoisse morale s'il faut que notre préférence propre décide ! La France consulaire, la France monarchique, la France de 1830, la France de 1848, la France de l'Empire autoritaire, la France de l'Empire libéral, toutes ces Frances enfin qui, avec une si prodigieuse mobilité, vont à des excès contradictoires, procèdent du même fonds et tendent au même but ; elles sont le développement du même germe et sur un même arbre les fruits des diverses saisons.

Arbre chargé d'imprévu, je l'avoue, l'histoire de la France au XIXᵉ siècle ! Sans doute il vaudrait mieux ne pas se développer dans des incertitudes et par des oscillations, comme c'est notre loi depuis un siècle. On fait à ce jeu de bascule une regrettable consommation d'énergie, et puis c'est un peu démoralisant d'admettre que nous nous sommes si souvent trompés. Pourtant, ne nous étonnons point des difficultés que rencontre notre démocratie à s'organiser : dans les siècles précédents et quand il s'agissait de la formation de la France, le bien se fit à travers des contradictions plus cruelles encore.

Je suis Lorrain, Messieurs ; depuis un siècle seulement mon petit pays est français. Parlons franchement comme des historiens. Nous ne sommes pas entrés dans la patrie française parce que c'était notre goût ; en vérité nous y sommes venus parce que nous étions piétinés tantôt par la France, tantôt par l'Allemagne, parce que nos ducs, n'ayant pas su nous organiser, manquaient à nous défendre, et qu'après les atrocités dont nous avaient accablés les Français, il nous fallait de l'ordre et de la paix.

Vous imagineriez difficilement, Messieurs, une pire histoire que celle de la Lorraine, disputée entre la France et l'Allemagne dès le Xe siècle et que ces deux grands pays ne laissent pas vivre de sa vie organique. Nous avions une bonne maison souveraine, nos coutumes, des institutions, tout ce qu'il faut pour conquérir une place dans l'histoire ou, plus humblement, pour s'assurer de l'ordre, de la sécurité et pour créer une nationalité. Malheureusement, notre maison ducale était inférieure en intelligence politique aux Capétiens. Nos ducs nous défendirent mal, puis nous abandonnèrent.

Nous avons accueilli avec enthousiasme, peu après notre réunion à la France, les préludes de la Révolution. De 1786 à 1789, notre petite nation, mal renseignée espéra un gouvernement indigène par une assemblée provinciale. Au XVIIe siècle, environ les trois quarts d'une population totale de quatre cent mille habitants étaient morts dans les horreurs de l'occupation française, et cela avait été une condition extrêmement favorable pour la substitution de l'idéal français au lorrain sur notre territoire repeuplé avec des paysans de France ; mais l'union décisive se lit grâce aux avantages matériels procurés aux paysans et aux bourgeois par la grande Révolution et ensuite grâce à la fraternité de combat et de gloire scellée dans les guerres républicaines et impériales. En 1814, Blücher fit appel aux idées séparatistes. Il dit à la municipalité de Nancy : « Puissé-je ramener pour vous le bon vieux temps dont jouirent vos ancêtres sous le gouvernement doux et paternel de vos anciens ducs ! » On ne le comprenait plus.

En un mot, — et voici ce que veut démontrer cet exemple, — nous, Lorrains, nous ne sommes pas Français, parce que la France est la fille « aînée de l'Église » ni parce qu'elle a fourni au monde la « Déclaration des droits de l'Homme », nous n'avons pas adhéré à la Patrie comme à un esprit, comme à un ensemble de principes,

Maurice Barrès

en fait, nous sommes venus à là France parce que nous avions besoin d'ordre et de paix et que nous ne pouvions en trouver ailleurs. Notre patriotisme n'a rien d'idéaliste, de philosophique ; nos pères étaient fort réalistes. Et pourtant il est bien exact que nous tendions vers la France plutôt que vers l'Allemagne, parce que celle-là est une nation catholique, et c'est encore vrai que les conquêtes civiles de la Révolution et les gloires militaires de l'Empire ont gagné le cœur de notre population. Ainsi, notre patriotisme est fait de tous les éléments que les dialecticiens s'efforcent de maintenir séparés et en opposition.

Ce bref tableau des aventures qui associèrent la Lorraine à la fortune de la France prouve que sur la route de l'histoire on trouve toujours la conciliation. La logique, les *distingo* des raisonneurs perpétueraient des difficultés que la force des choses se charge d'anéantir. Les gens à systèmes sont puérils et malsains ; ils s'obstinent à maudire ce qui ne plaît pas à leur imagination. Nulle conception de la France ne peut prévaloir, dans nos décisions, contre la France de chair et d'os.

Si la « Patrie Française » parvenait à donner à ses adhérents ce sens du réel et du relatif, si elle pouvait convaincre les professeurs si honnêtes, si zélés (et qui parfois nous firent tant de mal ![1]) de

---

1 Quelqu'un d'autorisé m'écrit : « Vous avez raison de dire que depuis 1870, c'est l'enseignement de l'Histoire par les universitaires qui diffuse et perpétue cet idéologisme. Ils remplacent le fait par l'idée, mais par une idée qui n'est pas sortie du fait, qui n'en est pas la représentation, mais la contrefaçon à côté. Car j'aime trop les idées, — j'entends celles qui sont nées des faits, — je crois trop qu'elles sont nos éducatrices et nos directrices pour ne pas revendiquer en leur faveur la suprématie : 1° contre les faits purs et simples des érudits qui ne sont que de misérables concepts mémoriaux ; 2° contre les idées artificielles des intellectuels qui font de l'algèbre imprudente et dissolvante avec de la chair et du sang, c'est-à-dire, en somme, avec la vitalité française... Ces gens-là me semblent commettre l'erreur, la faute et généralement le crime de constituer les lois physiologiques et internationales de la patrie française avec des réussites de mathématiques, ou des tours de force d'abstraction métaphysicienne... Vous avez bien fait de le leur dire. Mais il y a un autre mal plus grand encore, c'est le mal protestant. C'est « Le Temps » qui en diffuse les microbes depuis vingt-cinq ans avec une méthode obstinée, un calcul quotidien, qui a répandu le ravage aussi largement et profondément que vous le voyez. C'est ce mal qui est la cause du mal universitaire. Celui-ci n'est qu'un effet du premier, l'université étant

juger les choses en historiens plutôt qu'en métaphysiciens ! elle transformerait le détestable esprit politique de notre nation, elle nous restituerait une unité morale, elle nous créerait enfin ce qui nous manque depuis un siècle ; une conscience nationale.

II

Certes, Messieurs, une telle connaissance de la Patrie, issue de la sévère simplicité d'une vue historique, ne peut être élaborée que par une minorité, mais il faut qu'ensuite tous la reconnaissent et la suivent.

À ce résultat général comment parvenir ?

En développant des façons de sentir qui naturellement existent dans ce pays.

On ne fait pas l'union sur des idées, tant qu'elles demeurent des raisonnements ; il faut qu'elles soient doublées de leur force sentimentale. À la racine de tout, il y a un état de sensibilité. On s'efforcerait vainement d'établir la vérité par la raison seule, puisque l'intelligence peut toujours trouver un nouveau motif de remettre les choses en question.

Pour créer une conscience nationale, nous devrons associer à ce souverain intellectualisme dont les historiens nous donnent la méthode un élément plus inconscient et moins volontaire.

Pour moi, Messieurs, dévoyé par ma culture universitaire, qui ne parlait que de l'Homme et de l'Humanité, il me semble que je me serais avec tant d'autres agité dans l'anarchie, si certains sentiments de vénération n'avaient averti et fixé mon cœur.

Un jour, j'étais à Metz ; les Prussiens, qui ont transformé Strasbourg, n'ont jusqu'à cette heure rien changé à l'antique cité lorraine. Une fois franchis les travaux immenses qui l'enserrent, elle apparaît dans sa servitude, identique à son passé. Par là d'autant plus émouvante, esclave qui garde les traits et l'allure de la femme libre ! Les visages prussiens, les uniformes, les inscriptions officielles, tout nous signifie trop clairement dans cette atmosphère messine que nous sommes des vaincus, Je visitai au cimetière de Chambière le monument élevé à la mémoire de sept mille deux

---

aujourd'hui la chose et la proie du protestantisme militant.

Maurice Barrès

cents soldats français morts aux ambulances de 1870. C'est au milieu des tombes militaires allemandes une haute pyramide. Une inscription terrible lui donne un sens complet : « Malheur à toi ! fallait-il naître pour voir la ruine de mon peuple, la ruine de la cité et pour demeurer au milieu d'elle, pendant qu'elle est livrée aux mains de l'ennemi ; — malheur à moi ! »

Cette plainte et cette imprécation, le passant français l'accepte dans tous ses termes et l'ayant méditée, se tourne vers la France pour lui jeter ; « Malheur à toi ! génération qui n'as pas su garder la gloire ni le territoire ! »

Mais ne faut-il pas que tous, humblement, nous acceptions une solidarité dans la faute commise, puisqu'après tant d'années écoulées et quand les enfants sont devenus des hommes, rien n'a été tenté pour la délivrance de Metz et de Strasbourg que nos pères ont abandonnés ?

Sous ces pierres, dans cette terre de captivité, sont entassés des cadavres de jeunes gens de 21 à 25 ans, de qui la vie n'aura pas eu de sens si on se refuse à le chercher dans la notion de patrie. Aujourd'hui encore, ils seraient pleins de vigueur. Leur mort fut impuissante à couvrir lé territoire, mais elle permet à la nation de se reporter sans une honte complète à cette année funeste. C'est une fin suffisante du sacrifice qu'ils consentirent en hâtant la disparition inéluctable de leur chétive personnalité. Les trompettes et les tambours prussiens, qui, sans trêve, d'un champ de manœuvres voisin, viennent retentir sur les tombes de Chambière, ne nous détourneront pas d'épeler avec tendresse les noms inscrits sur ces tombes, des noms fraternels.

Dans le même cimetière se trouve la pierre commémorative, qu'eux aussi, les Allemands consacrent à leurs morts. Elle jette ce cri insultant : « Dieu était avec nous ! »

Offense qui tend à annuler le sacrifice des jeunes vaincus auxquels les femmes de Metz ont fermé les yeux.

Il ne dépend pas du grand état-major allemand de décider sans appel que nos soldats luttaient contre Dieu. En vérité, la France a contribué pour une part trop importante à constituer la civilisation, elle rend trop de services à la haute conception du monde, à l'élargissement et à la précision de l'idéal, — dans un autre langage, à l'idée de Dieu, — pour que tout esprit libre ne tienne pas comme une basse imagination de caporal de se représenter que Dieu — c'est-à-dire la direction imposée aux mouvements de l'humanité — serait intéressé à l'amoindrissement de la nation qui a fait les Croisades dans un sentiment d'émancipation et de fraternité, qui a proclamé par la Révolution le droit des peuples à disposer d'eux-mêmes !

Mais voilà bien la prétention de toute l'Allemagne, du plus mécanique de ses soldats jusqu'au plus réfléchi de ses professeurs ! Ce n'est point au hasard, mais par le développement d'une pensée nationale qu'ils inscrivent Dieu comme leur allié à deux pas de l'ossuaire de nos compatriotes, les mettant, s'ils sont chrétiens, hors du paradis des enfants de Jésus, s'ils sont athées, hors des affirmations de beauté et de bonté entrevues par l'humanité, rejetant nos armées dans je ne sais quel brigandage et proscrivant la pensée française comme nuisible.

Dans cet étroit espace, les corps entassés de Français et d'Allemands ont bien pu faire cette vigoureuse végétation, cette trentaine d'arbres élancés vers les cieux ; l'Allemagne, consciente d'elle-même, ne veut pas que dans le sein de Dieu, « dans le concert de l'Humanité », le génie français et le génie allemand collaborent. Elle nous excommunie, elle proche l'anéantissement de notre langue, de notre pensée. C'est une guerre sacrée.

Sur le territoire de Metz et de Strasbourg, l'Allemagne, plus cruelle que les peuples orientaux qui coupent les oliviers et comblent les puits, tend à réaliser son rêve de destruction.

Elle supprime la pensée française dans le cerveau des petit enfants ; elle ensevelit sous des mots et des idées d'Allemagne, comme une source vive sous des fascines, une sensibilité qui depuis des siècles alimentait cette race et que ces enfants avaient reçue de leurs pères.

Eh bien. Messieurs, ce n'est pas en jetant de la terre sur des cadavres, une formule insolente sur des siècles d'histoire et un vocabulaire sur des consciences, qu'on annule des consciences, des précédents et des cadavres. À Chambière, devant un sable mêlé de nos morts,, par un mouvement invincible de vénération, notre cœur convainc notre raison des grandes destinées de la France et

Maurice Barrès

nous impose à tous l'unité morale.

Cette voix des ancêtres, cette leçon de la terre que Metz sait si bien nous faire entendre, rien ne vaut davantage pour former la conscience d'un peuple.[1] La terre nous donne une discipline, et nous sommes les prolongements des ancêtres. Voilà sur quelle réalité nous devons nous fonder.

Que serait donc un homme à ses propres yeux, s'il ne représentait que soi-même ? Quand chacun de nous tourne la tête sur son épaule, il voit une suite indéfinie de mystères, dont les âges les plus récents s'appellent la France.

Nous sommes le produit d'une collectivité qui parle en nous. Que l'influence des ancêtres soit permanente, et les fils seront énergiques et droits, la nation une.

Trop souvent, la clameur bruyante des partis étouffe cette expérience d'outre-tombe que nous transmet notre sol. Si la « Patrie Française » voulait disposer les esprits à entendre ces voix lointaines, si elle préparait quelques mesures propres à faciliter ce grave enseignement national *par la terre et par les mort*, quel service elle rendrait à notre connaissance de nous-même ! Elle raffermirait nos destinées.

* * *

Les morts, d'abord ! On les aime en France et non seulement les héros représentatifs, les phares de la Patrie, mais les anonymes, les obscurs.

C'est à Paris que s'est établi l'usage de se découvrir devant un cercueil. Les communards exilés l'ont importé à Bruxelles, à Genève. M. Louis Ménard a écrit sur ce culte des morts une des pages les plus émouvantes de la haute littérature contemporaine :

« Si vous voulez savoir comment une religion commence, ce

1 Ces vues sur la *force de l'enseignement national* qu'un Français peut trouver aujourd'hui sur les tombes de la terre lorraine annexée à l'Allemagne, — comme plus haut (page 13) les vues sur les conditions de l'annexion de la Lorraine à la France et sur *la réalité* des raisons qui l'ont amenée et *imposée* — sont extraites par le conférencier « l'un livre en préparation : *l'Appel au Soldat* et d'un chapitre intitulé : *À la recherche des racines nationales.*

La Terre et les morts

n'est pas les philosophes qu'il faut interroger ; regardez dans la profondeur des couches sociales, vous y verrez les deux mots qui sont gravés sur la grosse cloche de Notre-Dame : *Defunctos ploro*. Une famille est réunie pour l'anniversaire d'un grand deuil. La place du père est vide à la table commune. « Il est toujours au milieu de nous, dit la mère. Il veille sur ceux qu'il protégeait et qui sont réunis en son nom. Qu'il maintienne entre nous tous la paix et la concorde ; prions-le de nous aider à supporter les épreuves de la vie et d'écarter celles qui seraient au-dessus de nos forces. Qu'il nous éclaire et nous conduise toujours dans le droit chemin, qui mène vers lui. » Si, parmi les fils, il en est qui ne soient pas portés à croire à l'existence personnelle des morts, vont-ils combattre cette croyance, qui est pour leur mère veuve un espoir de réunion ? Non, car il n'y a pas plus de raison scientifique pour nier que pour affirmer. Ils traduiront la prière dans une autre langue : « Ce que nous pleurons, ce n'est pas un corps rendu à la terre, c'est une affection qui nous enveloppait, une conscience qui nous dirigeait. Ce qui était lui, c'étaient ses conseils, ses bienfaits, ses exemples : tout cela est vivant dans notre souvenir. Que sa pensée nous soit toujours présente dans les luttes de la vie. Il y a des heures où l'ombre est bien épaisse : que ferait-il à notre place ? que nous dirait-il de faire ? C'est là qu'est le devoir, par cela que nous pensons à lui, sa force bienfaisante s'étend sur nous comme pendant sa vie : c'est ainsi que les morts tendent les mains aux vivants. »

Rendons hommage, Messieurs, à ces fortes pensées d'un philosophe, et munis d'une telle autorité, qui nous émeut si nous savons la méditer, ne craignons pas de poursuivre.

Voici sur notre sol de France une autre famille rassemblée. En deuil, elle aussi. La mère, les fils vont voir un profil étranger. Son mari, leur père, était allemand, anglais, italien. La pensée qui animait ce mort est toujours vivante dans leur conscience. Je ne leur demanderai pas de conseil ; parfois, je les écouterai avec intérêt, car dans leurs âmes, pour moi tant de choses sont nouvelles, surprenantes ; et toujours je leur marquerai de l'estime, car ils appartiennent à de grandes nations ; mais plus ils me parleront avec sincérité, en honnêtes gens, plus je devrai me méfier, car la vérité allemande et l'anglaise ne sont point la vérité française, et peuvent nous empoisonner. En vain, cet étranger, quand il se fit naturaliser,

Maurice Barrès

jura-t-il de penser et de vivre en Français ; en vain a-t-il lié ses intérêts aux nôtres, le sang s'obstine à suivre l'ordre de la nature contre
les serments, contre les lois. Il est notre hôte, ce fils d'outre-Rhin,
d'outre-mer, nous lui devons la sécurité et toutes les sympathies
généreuses. Nous ne lui devons pas une place dans les pouvoirs
du pays. Laissons-le d'abord prendre notre température et par des
racines qui naîtront, se nourrir de notre terre et de nos morts. Les
petits-fils, eux, seront des Français autrement que par une fiction
légale. Il faut commencer par ne pas imposer à des étrangers de
trop lourdes responsabilités pour ne pas être amené à leur infliger
de trop durs châtiments. Des Français trop récents ont, dans ces
dernières années, beaucoup troublé la conscience nationale. On
épurerait celle-ci par une loi prudente sur les naturalisations.

* * *

Le terroir nous parle et collabore à notre conscience nationale,
aussi bien que les morts. C'est même lui qui donne à leur action sa
pleine efficacité. Les ancêtres ne nous transmettent intégralement
l'héritage accumulé de leurs âmes que par la permanence de l'action terrienne.

Dans cette assemblée où chacun se fait une idée si nette de la
patrie, je ne viendrai pas aviver votre sentiment pour le lieu de
France où vous êtes né, où peut-être repose la dalle funèbre de vos
parents. Pourquoi troubler vos âmes ? Je m'adresse à votre raison,
et spécialement à votre raison politique.

C'est en maintenant sous vos yeux les ressources du sol de France,
les efforts qu'il réclame, les services qu'il rend, les conditions enfin dans lesquelles s'est développée notre race, forestière, agricole
et vigneronne, que vous comprendrez comme des réalités, et non
comme des mots, nos traditions nationales, et qu'en même temps
vous apprécierez les forces nouvelles qui ont grandi sur notre sol.
Pour distinguer ce qu'il y a de nécessaire et partout de légitime
dans les aspirations modernes, par exemple chez ceux qui récla-
ment une législation du travail, il est bon que vous voyiez en quoi
les conditions d'une France démocratique et industrielle diffèrent
des conditions de la France monarchique.

Pour être féconde d'ailleurs, cette connaissance n'a pas besoin d'être réfléchie. Il participe naturellement de la conscience nationale, il est nécessairement d'accord avec les destinées du pays, alors même qu'il ne saurait pas les formuler, celui qui, plongé par son hérédité dans un milieu, en suit insensiblement les évolutions. L'administrateur et le législateur peuvent s'inspirer dans toutes leurs mesures de ce grand principe : la patrie est plus forte dans l'âme d'un enraciné que dans celle d'un déraciné.

Est-ce à dire que nous voulions nous mettre en travers d'une évolution générale et, par je ne sais quelle discipline évidemment impuissante, attacher l'individu à son clocher comme l'animal à son pieu ?

Indigne supposition. Si les attaches qui retiennent un individu à son lieu de naissance doivent être rompues, je ne m'en plains pas, pourvu que, dans le lieu où il ira se fixer, il puisse prendre des attaches locales. Si les vieux préjugés héréditaires de caste ou de paroisse qui faisaient une raison aux petits groupes doivent être dissipés, je m'en féliciterai, à condition qu'un néant moral ne leur succède pas et que le petit génie local demeure dans ta région pour animer d'une nuance d'âme particulière la science internationale.

Bref, pour enraciner les Français, nous souhaitons simplement que les gens de province ne soient pas obligés d'intriguer uniquement à Paris et d'y expédier leurs projets, leurs désirs, leurs vœux, mais qu'ils aient par région des points de centralisation. Nous demandons, en outre, qu'ils puissent s'administrer eux-mêmes, de façon à respecter les particularités locales.

Les volontés qui guidaient les divers petits pays de France s'étant trouvées inférieures à celle qui dirigeait l'Île-de-France, l'unité politique s'est faite. Chacun y trouve aujourd'hui son intérêt. Nul Français n'entend toucher à l'État. Mais cet État, qui souffre de ne pouvoir s'appuyer sur une conscience nationale, serait insensé de négliger ce que chacun de ces petits pays a conservé de connaissance de soi-même. Ces provinces, de qui les gens superficiels croient le génie éteint, fournissent encore les grandes lumières intérieures qui échauffent et qui animent la France. Nous avons vu le reflet des Ardennes sur Taine, le reflet de la Bretagne sur Renan, le reflet de la Provence sur Mistral, le reflet de notre

Maurice Barrès

Alsace-Lorraine sur Erckmann-Chatrian. Des universités auto-
nomes nous permettraient de recueillir ce qui subsiste du spirituel
de ces anciens pays et en même temps leur apporterait la culture
universelle. Mouvement circulaire d'une grande importance ! Il
nous développerait d'accord avec notre préparation héréditaire et
terrienne, et cependant il combattrait l'engourdissement départe-
mental.[1]

Les moyens que je propose à votre méditation ne sont pas des
combinaisons *à priori* en faveur desquelles vous ayez à devancer
les faits accomplis : un état d'esprit existe pour réclamer des lois
plus sévères sur la naturalisation ; il y a des grandes villes riches,
ambitieuses, désignées pour devenir des points de centralisation
et pour reporter au milieu dés territoires et aux mains des citoyens
ces menus soucis qui distraient l'État de veiller à son principal
emploi, c'est-à-dire à notre sécurité collective.

Ces deux réformes sont prêtes ; un coup léger suffirait à détermi-
ner la précipitation chimique.

III

Nous venons de mettre sous vos yeux une loi importante de la
production humaine : pour permettre à la conscience d'un pays
tel que la France de se dégager, il faut raciner les individus dans la

---

1 Est-ce la place de répondre à des contradicteurs suspects qui s'étonnent et raillent
si l'on n'habite pas d'un bout à l'autre de l'année « ces petits pays » qu'on défend ?
Quelle plate interprétation du problème ! par décentralisation, nous entendons l'ensemble des mesures propres à nous fournir les conditions pour que nous puissions
nous maintenir en étroite communion de pensée ou de sentiment avec notre milieu de naissance ou du moins d'adoption. Or, quand vous habiteriez aujourd'hui
l'Auvergne, la Provence, la Lorraine, séries-vous décentralisés ? Allons donc ! c'est
avec Paris que vous auriez directement à faire. Il faut d'abord reconquérir des droits
pour les provinciaux. — Si nous voulons la décentralisation, c'est pour former des
hommes, pour que les hommes partent de la réalité et non pas d'idées artificielles,
d'idées en l'air. Rattachons les idées au sol, fondons la politique française sur l'histoire de France et pour arriver à bien vivre sur un point du territoire, propageons une
vue exacte de la nation. Voilà comment on peut défendre utilement, à cette heure,
les petits pays.

La Terre et les morts

terre et dans les morts.

Cette conception paraîtra fort matérielle à des personnes qui croient avoir atteint à un idéal d'autant plus élevé qu'elles ont mieux étouffé en elles la voix du sang et l'instinct du terroir. Elles préfèrent se rallier à des formules, vides le plus souvent et qui, fussent-elles pleines d'intentions excellentes, seraient, comme toutes les formules, incapables d'agir sur nos sentiments et sur notre conduite.

Sans doute, certains grands mots eurent de la force politique ; dans la période révolutionnaire, il y a un siècle, ils ont soutenu des efforts, des aspirations — très réalistes. Ainsi s'explique le caractère sacré qu'ils gardent aux yeux d'une France créée dans ces grandes convulsions. Tout naturellement ils viennent sur les lèvres d'un Français embarrassé. Par là, il arrive qu'on les emploie souvent pour se dispenser de rien dire de précis.

Le respectable M. Duclaux fut invité, dans une des réunions anarchistes qu'il décorait de sa présence, à prononcer quelques mots.

Il déclara : « Je me conforme à Liberté, Égalité (et perdant la suite), enfin, à tout ce qui est écrit sur les monuments. »

Il est inadmissible qu'on puisse maintenir une nationalité sans autre lien que des affirmations aussi vagues.

Avouons-le, il y a plus d'élévation dans la direction systématique donnée par l'empereur d'Allemagne à son pays vers le commerce que, dans les beaux principes, rabâchés perpétuellement dans nos assemblées politiques et qui, bien qu'ils aient été produits originairement par un élan vers l'idéal, se mêlent aux combinaisons de la plus grossière intrigue.

On peut employer son temps et sa verve à flétrir la dureté de Chamberlain, son mépris des philosophies et des considérations sentimentales ; mais cet homme mène à bien des questions anglaises. Or, nous sommes las en France d'hommes politiques familiers avec les plus nobles devoirs, au point qu'il faut aller les chercher à la présidence des « Sociétés d'encouragement au Bien », quand il y a lieu de les mener à Mazas.

Maintenant, pour que cette conscience nationale ait son efficacité, ne faudrait-il pas qu'elle se traduisit dans une autorité.

Maurice Barrès

Elle apparaîtra nécessairement, cette autorité, dès que notre pays connaîtra ce qu'il est et en conséquence distinguera un peu son avenir. Si nous étions d'accord pour apprécier nos forces, notre énergie accrue prendrait tout naturellement une direction et, sans secousse, un organe de la volonté nationale se créerait.

La « Patrie Française » agit très sagement en s'abstenant de poursuivre directement un but politique. Modifier la Constitution ? Instituer dans la République un pouvoir exécutif plus fort ? Notre principe et notre recrutement ne nous le permettent guère. Enfermons notre action politique dans les limites du paragraphe II de l'article 3 de nos statuts et bornons-nous, en conséquence, à « éclairer l'opinion sur les grands intérêts du pays ». Voilà la plus utile besogne, puisque les meilleures institutions n'auront d'efficace et de durée que si elles peuvent se raciner dans un état d'esprit politique transformé.

L'existence même de votre Ligue vaut comme un signe de cette aptitude du pays à se transformer. Que 60,000 citoyens se soient groupés pour offrir au président du Conseil un point d'appui moral, quand il fallait obtenir la loi de dessaisissement, c'est une grande chose ! Et, par là, dussions-nous disparaître demain, nous n'aurons point passé inutiles. Enfin j'imagine, Messieurs, que notre disparition injustifiée poserait avec force la question du honteux régime discrétionnaire auquel sont soumises les associations.

Si nous pouvions obtenir comme suite à ce scandale d'arbitraire légal qu'une législation nouvelle abolisse ou atténue les articles 241 et suivants du Code pénal, aggravés par la loi du 10 avril 1834 et que l'association devienne non plus une concession précaire, la jouissance d'une tolérance, mais l'exercice d'un droit, ce serait de notre vie un assez digne prix.

Ainsi nous aurions *in extremis* des raisons de nous réjouir. Notre mort ne pourrait être que superficielle. Quand nous serions privés du titre social de « Patrie Française », un esprit commun nous animerait encore. Nous avons commencé à le formuler : il est né de cette conviction féconde qu'une patrie est fondée sur les morts et sur la terre, que les précédents historiques et les conditions géographiques sont les deux réalités qui règlent la conscience nationale,

Ce sont les ennemis de l'extérieur qui, à l'origine, unifièrent la France. L'excellente, la surprenante aventure, si les Français voulaient se serrer dans une unité plus consciente qu'elle ne fût jamais, à l'occasion de l'Affaire Innommable et devant les audaces des étrangers de l'intérieur !

ISBN : 978-1515221265

Maurice Barrès